SHARI UND ANDRÉ DIETZ

ALLES LIEBE

SHARI UND ANDRÉ DIETZ

ALLES LIEBE
FAMILIENLEBEN MIT EINEM GENDEFEKT

**Je planmäßiger die Menschen vorgehen,
desto wirksamer trifft sie der Zufall.**

Friedrich Dürrenmatt, Schweizer Schriftsteller (1921–1990)

INHALT

PROLOG

13 »SOLL ICH MORGEN ARBEITEN GEHEN?«
16 ICH BIN DIE, DIE UNTERGEHT ...

IN KREISCHWEITE

19 IM HIER UND JETZT

EINE LIEBESGESCHICHTE

21 »ICH STEHE NUR AUF ÄLTERE MÄNNER.«
24 LIEBE AUF DEN ERSTEN KLICK
24 ICH WILL NUR DICH

AUSNAHMEZUSTAND EINS

27 WIE IN EINEM FILM
30 ANDRÉ-NALIN & LÄHMUNG

BEREIT FÜR DEN TRAUMPARTNER?

33 »DAS IST SIE!«
36 »HAST DU KEINEN BOCK AUF MICH?«

INHALT

AUSNAHMEZUSTAND ZWEI

39 GEWITTER IM KOPF
41 »WIE MACHT IHR DAS NUR?«

DIE SHANDRÉ-(R)EVOLUTION

47 »WENN, DANN FLIEGEN WIR GEMEINSAM ZUM MOND«

AUSNAHMEZUSTAND DREI

51 DAS WIRD-SCHON-GEN
55 DIE AUSNAHMESITUATION BESTÄTIGT DIE REGEL

WOHER WIR KAMEN

57 JEDER MANN WEISS DAS ÜBER MICH
59 »DANN ZIEH DIR DOCH ERST MAL 'NE HOSE AN«
59 KEINE LIEBE
62 »WHERE DO YOU LIVE?«
62 REGEN
68 »KANNST DU DIR VORSTELLEN, MIT MIR IN DIESER WOHNUNG ZU LEBEN?«

INHALT

DAS ERSTE KIND, DIE ERSTE DIAGNOSE

71 AUSGERECHNET UNSER SOHN SOLL NICHT FURZEN KÖNNEN?!?
79 »VERDAMMTE KACKSCHEISSE, TUT DAS WEH!«
82 UNSERE KRISEN UND DER STAFFELSTAB

MARI

87 LIEBER NICHT NOCH EIN KIND?
89 EINE GANZ NORMALE GEBURT
91 »KANN EURE MAUS AUCH NOCH NICHT KRABBELN?«

ALLER GUTEN KINDER SIND DREI

95 »WIR HABEN EBEN SEKT GETRUNKEN...«
97 DIE GEBURT – EINE (W)HITZIGE ANGELEGENHEIT
100 DER TORNADO, DER SIE SEIN SOLL
103 »DIE MARI HATTE EIN ABFALL!«

DIAGNOSE

107 »UND WENN MIT MARI DOCH WAS SCHLIMMES IST?«
110 DIE ZUKUNFT BLEIBT DIE ZUKUNFT
112 WAS IST EIGENTLICH GLÜCK?

INHALT

115 »CUT!«

117 »KÖNNTE DAS EIN IMPFSCHADEN SEIN?«

120 ICH GLAUB NUR AN DIE LIEBE

AM ANSCHLAG

131 »BRING MIR DAS VALIUM!«

133 »MAMA, WAS IST MIT DIR?«

134 WER SCHNELLER LACHT, HAT SCHNELLER PAUSE

138 »WÄRE ES BESSER, EIN ANFALL WÜRDE SIE MITNEHMEN?«

142 ÄRZTE MIT GRENZEN

145 »SIE HABEN DOCH KEINE AHNUNG!«

DIE FANTASTISCHE VIER

151 »UM VERHÜTUNG MÜSSEN SIE SICH ERST MAL KEINE GEDANKEN MEHR MACHEN!«

155 »DREI KINDER SIND GENUG, LASS UNS EIN VIERTES BEKOMMEN.«

158 »HAST DU DAS LICHT GESEHEN?«

159 »ICH HABE DAS LICHT GESEHEN!«

161 ANGELMAN RELOADED?

EPILOG

165 »JE BESSER DER PLAN, DESTO HÄRTER TRIFFT EINEN DAS SCHICKSAL.«

DER KURZE DIETZ-WEG

169 EIN RATGEBER, DER KEINER SEIN WILL
169 EINLEITUNG (MIT DEM ULTIMATIVEN TIPP)
170 MARI UND WIE SIE DIE WELT SIEHT
172 EIERTÄNZE
173 FRAGEN IST BESSER ALS GLOTZEN
174 WIE SICH DAS FAMILIENLEBEN VERÄNDERT
177 WAS MARI ALLES KANN
179 DAS HANDYULTIMATUM
181 SHARI SHARI LADY
184 FUN FACT
184 »WAS SOLL DIESER ESO-QUATSCH?«
186 AUCH PROMIS MÜSSEN MAL AUFS KLO
189 AN DEN GRENZEN DER PRÄNATALDIAGNOSTIK
192 UMGANG MIT BERÜHRUNGSÄNGSTEN
195 »DASS SO ETWAS AUCH PROMIS TREFFEN KANN«
198 INKLUSION: ILLUSION?
201 DER HELIKOPTER BLEIBT IM HANGAR

INHALT

202 ZORNIGE FRÜCHTCHEN

204 FRÜCHTE DES ZORNS

206 POSITIV SEIN, STATT HADERN

207 »ICH KANN IHR KIND HEILEN.«

208 WIR WAREN ZUERST DA

211 »WER IST HIER BEHINDERT?«

214 WARUM DIESES BUCH?

217 DIE KOPENHAGEN-ARSCHHAAR-GESCHICHTE

221 DANKSAGUNG

PROLOG

»SOLL ICH MORGEN ARBEITEN GEHEN?«
OKTOBER 2015

ANDRÉ »Wollen Sie eine vorläufige Diagnose? Die hundertprozentige wird Ihnen ein Gentest bringen, aber ich habe eine Vermutung. Ich bin mir ziemlich sicher. Also, wollen Sie es wissen?«
Na klar wollten wir. Was sollte denn schon ein einziger Satz aus dem Mund eines fremden Mannes an unserem Leben ändern. Mari bleibt doch Mari. Wir sind doch wir!
Dieses WIR ahnte nicht, was nur Stunden später in unseren Köpfen passieren würde. Und dass dieser eine Satz sehr wohl unser bisheriges Leben und alles, was wir uns bis dahin vorgestellt hatten, komplett auf den Kopf stellen würde. Ein Satz, der uns in ein tiefes Loch stürzen ließ.
Mari war zu diesem Zeitpunkt fast zwei Jahre alt. Seit einem Jahr gärte in uns der Gedanke, dass etwas nicht in Ordnung sein könnte. Wir waren bei mindestens 20 Ärzten. Doch keiner hatte sich zu einer Diagnose hinreißen lassen. Alle lavierten herum, händeringend darum bemüht, ihre Unwissenheit nicht zu offenbaren. Einzig unsere Freundin Isa, selbst Kinderärztin, stellte aus der Ferne, nach vielen Telefonaten, die richtige Diagnose. Es war natürlich nur eine Vermutung, die ich damals nicht wahrhaben wollte. Doch irgendwo in den hinteren Hirnregionen speicherte ich diesen prägnanten Namen des Gendefekts ab. Soweit hinten, dass mir erst viele Tage nach der Diagnose wieder einfallen sollte, dass ich ihn schon einmal gehört hatte.
Wir hatten zwei Jahre voller nicht greifbarer Furcht hinter uns – und der Hoffnung, wir seien nur die üblichen übereifrigen Eltern, die

einfach nicht verstehen wollen, dass jedes Kind sein eigenes Tempo hat.

Heute wissen wir: Ja, jedes Kind hat sein eigenes Tempo. Maris Tempo ist besonders eigen. Und eigentlich: besonders.

Ich kann mich nicht mehr erinnern, was Shari für Klamotten trug und welche Farbe die Wand hinter der Liege hatte, auf der Mari herumkrabbelte. Aber ich kann mich noch an das Wetter erinnern. Es war sonnig und für einen Tag im späten Oktober ganz schön warm.

Irgendwo zwischen Köln und Bergisch Gladbach nimmt meine Erinnerung wieder Fahrt auf. Ich kann mich an den Klang von Sharis Stimme erinnern, an meine Gedanken, die vermeintlich geschärft, klar und rational um die nächsten Tage kreisten. Unterbewusst war ich wohl darauf bedacht, Shari und die Kinder zu schützen, indem ich versuchte, mich an der vermeintlichen Normalität festzuklammern. Unser Sohn, 20 Monate älter als Mari, wartete schließlich mit Sharis Mutter zu Hause auf uns, und unsere damals jüngste Tochter, 18 Monate jünger als Mari (ja, wir haben uns echt beeilt!), schlief in ihrem Autositz.

Shari saß mit den Mädels hinten im Auto.
»Soll ich morgen arbeiten gehen?«, fragte ich.
»Hä? Klar! Warum denn nicht?« antwortete Shari.

Ich erinnere mich daran, über die Tatsache nachgedacht zu haben, dass »Mari« im Japanischen »Wahrheit« bedeutet – und dass ich mich fragte, ob der Arzt eben tatsächlich die Wahrheit ausgesprochen hatte.

»Ihre Tochter hat mit großer Wahrscheinlichkeit einen Gendefekt namens Angelman-Syndrom.«
»Aha. Und was … bedeutet das?«
»Sie wird auf dem Entwicklungsstand eines Kleinkinds bleiben. Sie wird Schwierigkeiten haben, laufen zu lernen; viele lernen es gar nicht. Und sie wird im Laufe ihres Lebens nur höchstens zehn bis

zwölf Wörter lernen«, sagte er. Sein Ton: halbtrocken mit einer Note von Einfühlsamkeit.

»Dann schaffen wir 20!«, verließen vier Wörter den Mund eines unbelehrbaren Optimisten.

Wie wir zum Auto gekommen, eingestiegen und losgefahren sind … Ich erinnere mich nicht.

»Soll ich morgen arbeiten gehen?«

Ab da ist alles wieder da. Die Fahrt und das Nach-Hause-Kommen werden mir wahrscheinlich wie ein sehr bewusster Rauschzustand für ewig im Gedächtnis bleiben. Ähnlich wie dieser eine Tag 1999, als ich durch die sonnigen Straßen meines Heimatdorfs hinter dem Sarg meiner Mutter hergehe und mich dabei erwische, wie ich neben mir selbst herlaufe und denke: Das passiert doch gerade nicht wirklich. Und wenn doch, dann hör endlich auf, dich zusammenzureißen!

Shari vergleicht den Moment der Diagnose oft mit der Nachricht vom Tod eines nahestehenden Menschen. Ich habe lange gesagt, dass man das nicht vergleichen kann. Aber sie hat recht.

Heute sehe ich den Moment, die Nachbereitung und die Verarbeitung der Diagnose im selben klaren und zugleich unwirklichen Licht wie die Tage nach dem Tod meiner Mutter.

Dabei war unsere Tochter auf dem Rückweg doch dasselbe fröhliche süße kleine Ding wie auf dem Hinweg.

»Soll ich morgen arbeiten gehen?«

Wie viel Wahrheit, Abstrusität, Klarheit, Verklärung, Traurigkeit, Humor stecken in diesem Satz?

»Warum denn nicht?«

Und wie viel von alledem steckt auch in dieser Antwort?

Dieser kurze Dialog zwischen Shari und mir spricht Bände über uns, unser Leben, unsere Liebe, unsere Sicht auf die Welt und unsere Art, Dinge anzugehen. Und genau davon erzählt dieses Buch. Und zwar so, wie Erinnerung funktioniert. Nicht streng chronologisch. Denn das Leben ist eben kein Protokoll.

ICH BIN DIE, DIE UNTERGEHT …
OKTOBER 2018

SHARI *Mari ist in einem Pflegeheim. Ich bin bei ihr, und wir verbringen unsere gemeinsame Zeit in einem cafeteriaähnlichen Gebäude. Es ist unglaublich laut. Um uns herum klirren Teller, viele Menschen laufen durcheinander. Erwachsene, Jugendliche, Kinder. Menschen mit Behinderung, Menschen ohne Behinderung. sichtbare und unsichtbare Probleme. Eine beklemmende Situation.*

Mari sitzt in ihrem Reha-Buggy und wirkt teilnahmslos, starrt Löcher in die Luft. Es macht mich traurig, sie so zu sehen. Ihr echtes, herzliches und unbekümmertes Lachen fehlt. Mein Kind ist nur noch eine leere Hülle. Ganz nah bei mir und trotzdem so weit weg. Ich versuche sie zu füttern, sie abzulenken. Nichts hilft.

Verzweifelt hoffe ich darauf, dass André endlich kommt. Mich unterstützt, mir hilft. In solchen Situationen ist er es, der einen klaren Kopf behält. Der weiterhin positiv denken kann. Wo ist er nur? Ich schiebe Mari durch den Raum und laufe mir Blasen an die Füße. Sie schmerzen. Von André fehlt weiterhin jede Spur. Ich brauche Hilfe, möchte Mari endlich wieder glücklich sehen.

Warum ist sie überhaupt hier? Ihre Geschwister und ihr Zuhause würden sie jetzt wieder lebendiger machen.

Nachmittags machen Mari und ich einen Ausflug mit einer Gruppe aus dem Heim. Betreuer und auch andere Kinder sind dabei. Ein kurzer Moment des Glücks. Es geht mit einem Boot übers Wasser. Wasser ist Maris Element. Neben ihren Geschwistern, ihrem Papa und ihrer Mama hat Wasser die größte heilende Wirkung auf sie. Plötzlich kentert das Boot, es geht unter. Ich habe Angst um meine kleine Mari. Sie darf nicht untergehen! Doch ich bin es, die mit dem Boot untergeht. Ich bin Mari. Ich blicke durch ihre Augen und versuche, das Boot nach oben zu ziehen und alle anderen Kinder zu retten. Ein kurzer Gedanke geht auch an mein Handy und dass es nicht nass werden darf. Habe ich es vielleicht gar nicht dabei? Und wenn doch, ist es dann für immer verloren? Ich sehe die Sonne durch die Wasseroberfläche über mir leuchten. Ich versuche, nach oben zu schwimmen. Ich kann nicht mehr atmen und muss nach oben. Ich schaffe es nicht. Ich bin hilflos.

IN KREISCHWEITE

IM HIER UND JETZT

OKTOBER 2018

ANDRÉ »Mein Gott, was für eine ätzende Nacht!«
»Allerdings …«
»Wo ist Mari?«
»Sie schaukelt im Spielekeller.«

Unsere Kleinste ist um vier Uhr wach geworden und nicht mehr ruhig zu kriegen. Gegen sechs ist sie endlich wieder eingeschlafen. Prompt kam unsere zweitälteste Tochter und machte aus unerfindlichen Gründen einen Riesenalarm, so dass sie damit unseren Sohn weckte, der um 6 Uhr 15 fertig angezogen in unserem Schlafzimmer stand und in die Schule wollte.
Es ist übrigens Sonntag.
Nur eine schläft. Mari! Ich wecke sie um acht, und sie begrüßt mich und den Tag mit einem Lachen. Während wir unser sonntägliches Ritual mit ausgiebigem Frühstück vorbereiten, obwohl unsere Nerven wegen der Eskapaden ihrer Geschwister blank liegen, schaukelt Mari im Spielekeller und freut sich ihres Lebens. Vor drei Wochen war es noch undenkbar, sie so lange unbeaufsichtigt zu lassen – und unvorstellbar, dass sie diese Fröhlichkeit an den Tag legte. Diese Fröhlichkeit, die sie so ausmacht und die während der Epilepsiephase fast komplett verschwunden war. Mit ihrer Behinderung zu leben ist für uns inzwischen ein Klacks. Nur die verdammte Epilepsie bricht uns regelmäßig das Genick. Aber eins nach dem anderen … Fangen wir mit Maris Eltern an und wie sie sich kennenlernten.

EINE LIEBESGESCHICHTE

»ICH STEHE NUR AUF ÄLTERE MÄNNER.«
DEZEMBER 2009

SHARI »Da kenne ich einen.«
»Ach ja?«

Und selbstlos hat er mich weitergereicht. Ich gebe zu: Das Ganze war kein Zufall. Mir war durchaus klar, dass Niklas sehr gut mit André befreundet ist. Und dass André Single ist. Der Weg über Niklas war mein strategischer Zug, um nicht allzu offensiv mit meinen Annäherungsversuchen anzurücken. Denn ja, ich war Fan. Ich bin Fan. Von André und von dem, was er macht. Ingo aus *Alles was zählt* ist mein Held, ich liebe seine Musik. Und so ein Serienstar bekommt ja bekanntlich des Öfteren nette Angebote, im besten Fall von schönen, jungen Damen. Da wollte ich mich nicht einreihen, also musste jeder Schritt gut durchdacht sein. André passte genau in mein Beuteschema: smarter Typ Mitte 30, wesentlich älter als ich. Lustig und nicht auf den Mund gefallen. Intelligent, attraktiv und charismatisch. Und obwohl ich ihn persönlich nicht kannte, hat er mir sehr gefallen. Eine Schwärmerei. Und dank der modernen Welt des Internets, ein paar Fotos von einem uns beiden bekannten Fotografen und einem Wink von Niklas musste glücklicherweise auch André feststellen, dass wir uns zwingend treffen sollten. Beste Voraussetzungen also für die große Liebe. Love at First Sight, arrangiert über Fotos auf Facebook. Klingt großspurig, gebe ich zu. Besser könnten es sich die Autoren einer Daily Soap nicht ausdenken. Aber es war real. Wir waren damals vielleicht beide genau am richtigen Punkt in unserem Leben, um die große Liebe kennenzulernen.

Ich hatte gerade eine aufregende Zeit in Hamburg hinter mir: ein Praktikum bei einem Online-Magazin. Gleichzeitig mein erster Sprung ins kalte Wasser. Erwachsenwerden. Und das, was andere Mädels in zehn Jahren testen, habe ich kurzerhand in sechs Monaten abgearbeitet. Eine für mich aufreibende und emotionale Zeit. Ich habe das erste Mal alleine gewohnt. In einer fremden Stadt. Ich war das erste Mal komplett auf mich alleine gestellt, hatte meinen ersten richtigen Job. Eine Zeit des Umbruchs. Affären mit vergebenen Männern, One-Night-Stands, ich habe meine Grenzen ausgetestet. Einzelheiten erspare ich euch, schon aus Rücksicht auf meine Mutter.

Und wann genau ist man bereit für den Traummann oder die Traumfrau? So viel kann ich sagen: Zurück in Köln war ich nicht mehr dieselbe Shari. Erwachsener, freier und bestimmt auch etwas entspannter. Ich war fest entschlossen, mich erst mal auf mich und mein Studium zu konzentrieren. Wahrscheinlich die beste Voraussetzung für ein Treffen mit dem Traummann. Für ein Treffen mit André.

Und André? Ich bin mir sicher, er hat alles bis zum Maximum ausgereizt in seinem Leben. Feiern, Alkohol, Frauen und Beziehungen. Ich kenne ein paar Details. Bei vielen Dingen habe ich meine Zweifel, dass diese Erfahrungen für seine Entwicklung wirklich nötig waren. Sie haben ihn allerdings zu dem Mann gemacht, den ich heute so sehr liebe.

Einen Tag nach unserem Kennenlernen hat er E-Mails an ein paar Damen verschickt. »Ich habe jemanden kennengelernt, wir können uns nicht weiter treffen.« Er hat mir das ein paar Monate später erzählt, als ich kurzzeitig mal Angst vor dem Moment hatte, an dem er mich doch »zum Mond schießt«.

Wir beide sind traurig über jedes Jahr, das wir ohneeinander verbracht haben, weil wir uns noch nicht kannten. Unglaublich, dass es überhaupt eine Shari ohne André gegeben hat. Wie gerne hätten wir uns schon früher getroffen. Ich mit 14, André mit 25. Okay, das wäre verwerflich gewesen. Wir waren an diesem Tag, zu dieser Zeit, bereit und offen füreinander. Wir waren frei. Wer weiß, ob es zu einem anderen Zeitpunkt so gut gepasst hätte. Nicht nur wegen des Altersunterschieds. Wir beide hatten unsere Geschichte, die uns an diesem Tag zusammengebracht hat.

Und ja, Liebe muss sich entwickeln. Zuneigung, Vertrauen, Intimität, Fürsorge – so was braucht Zeit. Aber der bekannte Blitz ist damals direkt bei uns eingeschlagen. Wir haben uns stundenlang unterhalten und die Leute um uns herum komplett ausgeblendet. Wir konnten und können die Hände nicht voneinander lassen.

Und wir haben direkt am ersten Abend auf den Tisch gebracht, was uns wichtig ist. Inklusive Themen wie Heiraten und Kinder. Was wir erwarten von unserem Partner, von einer Beziehung, von unserem Leben.

Liebe auf den ersten Blick? Wir sind reflektiert genug, um zu wissen, dass das vielleicht eine von uns konstruierte Illusion ist. Etwas, das wir im Nachhinein auf unseren ersten gemeinsamen Moment projizieren, weil er für uns so einzigartig und besonders war. Aber wir haben uns tatsächlich von der ersten Sekunde an mehr als gut verstanden. Der gleiche Humor, der gleiche Musikgeschmack, ähnliche Ansichten über Glauben und Medizin, über Politik und Menschen. Es hat einfach gepasst. Wir haben eine ganze Nacht, unsere erste Nacht, in Andrés Küche gesessen, um am nächsten Tag zu verkünden, dass es uns beiden sehr ernst ist. Am vierten Tag hat André seinen halben Kleiderschrank freigeräumt und mich gebeten, bei ihm einzuziehen. Seit diesem ersten Abend haben wir nur wenige Nächte nicht miteinander verbracht. Weil André arbeiten musste, wir diverse Junggesellenabschiede gefeiert haben oder ich aufgrund der Geburten unserer vier Kinder im Krankenhaus gelegen habe.

Jede Sekunde, die wir nicht miteinander verbringen, ist mit Sehnsucht gefüllt. Wir sind verrückt nacheinander, heute mehr als früher, jeden Tag ein bisschen mehr.

LIEBE AUF DEN ERSTEN KLICK
DEZEMBER 2009

ICH WILL NUR DICH

WENN ES NICHT ROCKT
DANN MUSS ES ROLLEN
WAS ICH NICHT WILL
MUSS AUCH KEINER FÜR MICH WOLLEN
DOCH WENN AUS NACHLÄSSIGKEIT
LÄSSIGKEIT GEWORDEN IST
BLEIB NICHT WIE DU BIST
BLEIB NICHT WO DU BIST

DANN KAMST DU
DURCH MEINE TÜR
UND PLÖTZLICH WEISS ICH WAS ICH WILL
MIT WEM UND WOFÜR
UND WENN DIE NACHT DANN WIEDER
ZUM TAG GEWORDEN IST
BLEIB WO DU BIST
UND BLEIB, WIE DU BIST

ICH WILL NUR DICH

ICH STEH AUF DICH
SEIT ICH WEISS DASS ES DICH GIBT
BEI ALLEM WAS MIR HEILIG IST
ICH HAB NOCH NIEMALS SO GELIEBT
UND WENN AUS LUFTSCHLÖSSERN
EIN PALAST GEWORDEN IST
BLEIB WO DU BIST UND BLEIB WIE DU BIST

ICH WILL NUR DICH

ANDRÉ

Alles, was in diesem Songtext steht, ist wahr. Und alles, was ich jetzt erzähle, ist auch wahr. Und ja, ich weiß, wie unglaubwürdig, verträumt und realitätsfern es klingt. Ich selbst hätte es vor diesem Tag im Dezember 2009 genauso wie die meisten von euch als die völlig verballerte, romantisierte Schmonzette eines liebestrunkenen Vollidioten beziehungsweise die in der Nachbereitung aufgehübschte Story eines frustrierten Mittvierzigers gesehen.

Aber es ist so wahr wie die Tatsache, dass wir immer noch ein Paar sind, obwohl wir dieses Buch gemeinsam geschrieben haben.

Stellt euch einen Typen vor, der mit Mitte 30 noch keine Beziehung auf die Reihe gekriegt hat, die länger als drei Monate ging. Der zehn Jahre On/Off der kränksten Art hinter sich hat. Der sich einen Sport daraus gemacht hat, nicht alleine nach Hause zu gehen. Der in einer Nacht mehr Bier getrunken und mehr Kippen geraucht hat als der Durchschnittsdeutsche in einem Quartal. Der mehr vergessen hat, als die meisten Leute jemals wissen werden (danke, Bob). Der auf einem Tisch eingeschlafen ist und daraufhin drei Monate mit einer tauben Hand rumlaufen musste. Der mindestens dreimal in der Woche bis morgens feiern war, und das so exzessiv, dass einige Leute immer wieder dachten, da sei Koks im Spiel. (War aber zum Glück nie mein Ding. Damit wäre ich wahrscheinlich neun Tage lang wach geblieben.)

Dieser Typ geht also eines Abends zu seiner Tür, öffnet und sieht: Sie.

Sie tritt ein – und ist nie wieder gegangen.

»Soll ich dir die Wohnung zeigen?«

»Klar!«

Ich deute auf die 0,5 Quadratmeter große Speisekammer.

»Da geht's zum Ostflügel, aber ich zeig dir erst mal den Westflügel und das Billardzimmer!«

In Wahrheit stolpern wir durch mein erweitertes Wohnzimmer, hin zu meinem Schlafzimmer mit dem Schrank, den ich nur drei

Tage später freiräumen werde, um ihr anzubieten, bei mir einzuziehen.

Zurück in der Küche trinken und lachen wir, als gäbe es kein Morgen mehr. Und während sich drei ebenfalls anwesende Freunde von mir über Fußball unterhalten, reden wir über eine Hochzeit im Schloss. Und der Typ, der eigentlich nicht mehr in Betracht gezogen hat, jemals zu heiraten, beginnt sich mit diesem Gedanken anzufreunden. Und der Typ, der die Hoffnung aufgegeben hat, geplant (!) Vater zu werden, stellt die eine Frage, die jede andere Frau in die Flucht geschlagen hätte: »Willst du Kinder?«

Seit dieser Nacht, vor neun Jahren, haben wir vielleicht 20 Nächte nicht miteinander verbracht.
Kein Wunder, dass wir inzwischen so viele Kinder haben.

AUSNAHMEZUSTAND EINS

WIE IN EINEM FILM
AUGUST 2018

SHARI Ein Jahr anfallsfrei. Und dann, letzte Woche Dienstag, der Anruf aus dem Kindergarten. Am ersten Tag nach den Sommerferien: »Mari ist nicht mehr ansprechbar. Wir glauben, dass sie einen Anfall hat.«

Der erste Anfall im Kindergarten. Ich hatte die Erzieher im Kindergarten zwar morgens darauf vorbereitet, dass Mari gerade in einem Medikamentenentzug ist und wir mit dem Schlimmsten rechnen müssen, doch nun war ich es, die unvorbereiteter und überraschter nicht hätte sein können. »Ich komme«, habe ich gesagt und mich umgehend ins Auto gesetzt. Wie in einem Film bin ich zum Kindergarten geflogen. Ohne Rücksicht auf Verkehrsteilnehmer oder Tempolimits, gedanklich immer bei meinem Kind. Ich hatte Angst. Davor, dass Mari leidet – aber vor allem davor, dass ich alleine bin und hilflos. Dass ich nicht weiß, was zu tun ist oder wie ich ihr helfen kann.

Mari lag auf dem Boden im Therapieraum des Kindergartens. Ein schlimmer epileptischer Anfall. Beziehungsweise das, was die Mediziner einen »Status epilepticus« nennen: ein mehr als 20-minütiger Anfall oder eine Serie von Anfällen ohne eine echte Erholung dazwischen. Rhythmisch hat sie mit Armen und Beinen auf den Boden geschlagen, Schaum hat sich vor ihrem Mund gebildet, ihre Augen haben sich weggedreht. Um mich herum tausend Leute und ich trotzdem ganz allein. Allein mit Mari. Allein mit meinem Kind. Schluchzend habe ich über ihr gehangen und immer wieder nach André und dem Rettungswagen gerufen. Denn obwohl ich weiß, dass Mari Epileptikerin ist, obwohl ich schon diverse Anfälle mit ihr erlebt habe, bin ich jedes Mal aufs Neue so geschockt, hilflos und verängstigt, wie man nur sein kann.

Die Erklärung für die Anfälle liegt nahe: der Entzug. Zur Erklärung: Mari bekommt ein Medikament namens *Pharma GABA*, das sie entspannter macht. Ein Nahrungsergänzungsmittel, mit dem sie ausgeglichener und aufnahmefähiger ist. Und es lässt sie endlich durchschlafen! Leider findet bei diesem Medikament eine Gewöhnung statt. Das bedeutet, dass es nach einiger Zeit nicht mehr wirkt. Nach sechs Monaten, wenn wir Glück haben. Manchmal auch schon nach sechs Wochen. Hilfe bringt dann leider nur ein Medikamentenentzug. Ganz langsam dosieren wir das Medikament runter in der Hoffnung, dass wir Mari anfallsfrei durch diese Phase bekommen. Denn ein zu schneller Entzug löst auf jeden Fall Anfälle aus. Ist das Medikament komplett runterdosiert, folgt eine zweiwöchige Pause. Anschließend dosieren wir das Medikament ganz langsam wieder ein, so dass dann bei voller Gabe des Medikaments hoffentlich wieder der gewünschte Effekt eintritt.

Der aktuelle Entzug, so viel ist jetzt leider klar, findet trotz langsamer Herunterdosierung nicht ohne Anfälle statt. Seit dem ersten Anfall ist eine Woche vergangen. An Maris Zustand hat sich nichts geändert. Sie krampft fast täglich. Wir hangeln uns von Minute zu Stunde, von Stunde zu Tag. Immer in der Hoffnung, wir schaffen es wenigstens kurz ohne Anfall. Und ohne Valium. Denn das bekommt sie, wenn sie krampft. Oder wenn sie nachts so laut und so lange schreit, dass wir keinen anderen Weg sehen, um sie zu beruhigen. Ein Medikament, das sie ruhigstellt und gleichzeitig eine fast berauschende Wirkung auf sie hat. Und die Entzugsphase mit den Anfällen bedeutet für uns nicht nur schlaflose Nächte: Wir lassen Mari keine Sekunde aus den Augen und sind jederzeit auf Abruf. Alles dreht sich um Mari. Wir sprechen mit Ärzten, sind oft im Krankenhaus.

Auch für Maris Geschwister ist das eine Herausforderung. Oft parken wir sie bei Nachbarn und Babysittern und rasen ohne große Erklärungen davon. Wir wissen, dass das Spuren hinterlässt. Wir versuchen, das mit ihnen aufzuarbeiten. Dabei beschäftigen uns eigentlich nur Themen wie die Notfallnummer, der Notarzt und das Notfallmedikament, also Valium.

Und wie sollte es anders sein: André hat gerade so viel Arbeit wie lange nicht mehr. Ja, und Maris Geschwister haben genau jetzt Kindergartenferien. Die Einschulung unseres Sohnes steht bevor, ein Buch gilt es zu schreiben – und was ist überhaupt mit uns? Mit Shandré?

Wir haben nicht damit gerechnet, dass wir noch mal an so einen Punkt kommen. Diese Phase macht uns klar, dass wir immer mit allem rechnen müssen. Dinge, die wir über andere Angelman-Kinder gelesen und arrogant von uns weggeschoben haben – à la »So was ist uns zum Glück erspart geblieben« –, werden uns nicht erspart bleiben.

Heute Morgen bin ich aus diesem Traum erwacht, in dem Mari in einem Pflegeheim lebt. In dem ich versuche, alles zu geben, aber merke, dass ich keine Kraft mehr habe, uns vor dem Ertrinken zu retten. Wir hatten Mari abgegeben. Wir hatten Mari aufgegeben. Dazu mein Handy, das eine bestimmte Bedeutung hat für die Beziehung zwischen André und mir. Ich habe in diesem Traum so große Angst, dass das Handy nass wird. Dass es kaputtgeht.

Ich habe André davon erzählt. Der Traum ist bezeichnend für mein Leben. Für die Situation, in der ich gerade gefangen bin. In Sorge um mein Kind, dem ich scheinbar nicht helfen kann. Gleichzeitig voller Angst, meine anderen Kinder und meinen Mann aus den Augen zu verlieren. Ich bin kraftlos. Trotzdem stark und voller Liebe. Denn obwohl es noch nicht in greifbarer Nähe ist, sehe ich Licht am Ende des Tunnels.

ANDRÉ-NALIN & LÄHMUNG
AUGUST 2018

ANDRÉ »André! Die Shari hat gerade angerufen. Mari hat einen Anfall im Kindergarten.«
Ich stehe im Büro unseres Producers und rede mit ihm über die Abnahme der gerade abgedrehten Folgen durch RTL. Ein voller Erfolg. Ich grinse noch, als ich mich zu Sandra umdrehe, die mir diesen Satz zuruft. Ich nicke Peter, unserem Producer, zu und gehe einen Raum weiter zu unserem Disponenten. Der arme Marcel hat gerade dermaßen den Kaffee auf. Er muss drei Ausfälle von Kollegen kompensieren und kommt mit der Planung der Drehtermine nicht hinterher. In den zwölf Jahren, die ich für die Serie drehe, habe ich noch nie eine so verfahrene Disposituation erlebt. Und mein eigenes Pensum ist gerade ebenfalls so hoch, wie es selten war. Alleine heute habe ich noch acht Szenen zu drehen. »Meine Tochter hat einen Anfall und ich …« – »Fahr!«, sagt Marcel. – »Aber …«
»Fahr!« Ich bin baff. Marcel hat noch nicht einmal nachgedacht, und all der Stress und Ärger, die ihm mein Wegfahren bereiten wird, scheinen ihm in diesem Moment egal zu sein.
Ich schminke mich ab, ziehe mich um, packe meine Sachen und spiele in einer seltsamen Ruhe alles durch, was mich erwartet. Ich gehe aus meiner Garderobe und fange an zu rennen. Ich steige in mein Auto. Zugeparkt. Aussteigen und Alarm schlagen oder rangieren? Ich zittere, bleibe aber ruhig. Rangieren geht schneller. Zwei kostbare Minuten und ich habe endlich ausgeparkt. An der Schranke das nächste Hindernis. KARTE NICHT LESBAR. Das passiert zwar manchmal, ist aber schon verdammt lange her. Ich ziehe die Karte weg und halte sie wieder vor den Sensor. KARTE NICHT LESBAR. Noch mal. KARTE NICHT LESBAR. Dann raste ich aus und fluche und schreie dem mechanischen Schrankenwärter entgegen, dass er jetzt endlich die verfickte Schranke hochfahren soll. Ich wäge ab, ob

ich bereit bin, die Schranke zu durchbrechen, und sage mir dann: »Was, wenn es nur ein kleiner Anfall war und alles längst geregelt ist?!« Da geht endlich die Schranke auf. Weiter zur Ampel. Rot. Natürlich. Ich schaue links, rechts. Alles frei. Der Motor heult auf und ich fahre nacheinander über zwei rote Ampeln. Immer noch zitternd, aber vollkommen fokussiert und konzentriert. Ich rufe Shari an. Sie ist relativ gefasst. »Ich weiß noch nichts. Bin gleich im Kindergarten.« Ich überschreite die Geschwindigkeit um das Doppelte. Mari hatte bisher mehr als zehn Anfälle und, warum auch immer, ich war bei JEDEM dabei. Ich konnte immer agieren. Jetzt bin ich 20 Kilometer entfernt und will so schnell wie möglich bei meinem Mädchen sein. An der Zufahrt zu unserem Dorf blockiert ein Unfall die Straße. Mit Reifenquietschen lege ich einen U-Turn hin. Alle halten mich für bekloppt. Zu Recht. Ich komme am Kindergarten an und der Notarztwagen ist bereits vor Ort. Ich renne rein und öffne die Tür zu dem Raum, in dem Mari den Anfall bekommen hat. Ich sehe Shari, die über Mari gebeugt ist. »Wie lange?«, frage ich. »Sie krampft seit fast 30 Minuten«, entgegnet Uta, ihre Einzelfallhilfe – der einzige Mensch, der Mari fast so gut kennt wie Shari und ich. »Das ist viel zu lang!« Ich spreche aus, was alle schon wissen. »Was hat sie bekommen?« »5 mg oral und vom Notarzt noch mal 15 mg ...«, sagt Shari verzweifelt. »Amsterdamer?« Gemeint ist die Kinderklinik in der Amsterdamer Straße in Köln.

»Amsterdamer! Ich trage sie« antworte ich. Ich bringe Mari zum Rettungswagen und lege sie auf die Bahre.

»Fahr du mit. Ich packe das gerade nicht und fahre mit dem Auto zur Klinik«, sagt Shari. Da ist es wieder. Dieses blinde Vertrauen, Dinge schnörkellos aussprechen zu können, wie sie sind, und seine Schwächen und Stärken in kritischen Momenten richtig einschätzen zu können. Ich bleibe also bei Mari, schnalle mich an und halte ihre Hand. An diesen Anblick gewöhnt man sich wohl nie. Diesen Anblick, wenn dein Kind vor dir liegt und nicht mehr da ist. Kein Lächeln, ein kaum merkbares, flaches Atmen, die nach oben verdrehten Augen. Um es in aller Härte, mit allem Realismus zu sagen: Sie sieht aus, als sei sie tot. Ich weiß, dass sie es nicht ist, denn ich hatte das, wie gesagt, schon ein paar Mal gesehen, aber dieses Mal habe ich das unbestimmte Gefühl, dass es kein gutes Ende nehmen würde. »Wie viel Uhr ist es?«, frage ich die Ärztin, die bei mir sitzt »10 Uhr 55«, antwortet sie, während sie versucht, ruhig zu wirken. »Verdammt, komm jetzt da raus, Schatz!«, sage ich und halte weiter Maris Hand. Ich küsse sie, kitzle sie in der Handfläche (was sie so liebt), streichle ihr Haar – aber nichts tut sich. Einer der Rettungssanitäter nimmt ein in Plastikfolie eingepacktes Teddybärchen aus einem der Schränke. Er öffnet die Folie und reicht mir das Kuscheltier. Ich ignoriere das Bärchen, nehme die Folie und raschele damit an Maris Ohr. Irgendwann bekomme ich ein Lächeln. Endlich! Aber eine Sache schockiert mich zutiefst: Sie lächelt nur halbseitig. Die andere Seite ist gelähmt.

BEREIT FÜR DEN TRAUMPARTNER?

»DAS IST SIE!«

DEZEMBER 2009

ANDRÉ Wie oft stelle ich mir heute unseren allerersten Abend vor und es passiert Folgendes:
Wir sitzen Anfang Dezember 2009 an diesem Tisch in meiner Junggesellen-Altbaubude, extrem frisch verliebt und kurz vor dem ersten Kuss, als plötzlich jemand hereinkommt, sich zu uns setzt und uns alles Wichtige erzählt, das in den nächsten neun Jahren mit uns geschehen wird. Klar, der arme Kerl müsste eine Menge Zeit auf seine Zeitreise mitgenommen haben, um das Wichtigste einigermaßen verständlich zusammenzufassen. Und wegen der vielen Zufälle und Twists müsste er auch eine Menge Verständnis dafür aufbringen, dass wir an seiner Glaubwürdigkeit zweifeln würden – obwohl wir problemlos damit klarkommen, dass er aus der Zukunft kommt. (Eine unserer vielen popkulturellen Gemeinsamkeiten ist die Liebe zu *Zurück in die Zukunft*.)

Die Frage, die ich mir stelle: Hätten wir irgendetwas anders gemacht im Leben, wenn es diesen Besucher mit den Infos aus der Zukunft gegeben hätte? Bestimmt! Oder doch nicht?
Er hätte nämlich etwa so geklungen:
»Ihr werdet seeeeeeehr glücklich!!! Wirklich! In einem Jahr werdet ihr fünf Wochen lang durch Australien reisen. Dort wirst du, André, dir, Shari, einen Antrag machen, und im Sommer des darauffolgenden Jahres werdet ihr eine wunderschöne Hochzeit auf einem

Schloss feiern. Nur neun (!) Monate später kommt euer erstes Kind zur Welt. Ein Junge. Er wird kein Popoloch haben. Wird eine harte Zeit, aber ...«

»Moment! Kein Popoloch?«

»Ja, sehr selten so was, aber wartet: Da kommt noch mehr. Nach vier Monaten Intensivstation ist alles in Butter! Ihr habt bereits eine wunderschöne Wohnung im Belgischen Viertel in Köln gekauft, sie ist kernsaniert, und Shari wird schwanger mit Kind Nummer zwei. Daraufhin verkauft ihr die Wohnung gewinnbringend und kauft zu einem Spottpreis ein wunderschönes Haus im Grünen. Es wird ...? Richtig: kernsaniert! Kurz nach Weihnachten kommt euer zweites Kind zur Welt, eine wundervolle Tochter.«

»Hat sie ...?«

»Ja, sie hat ein Popoloch, aber ... wartet kurz! Ihr zieht in dieses Traumhaus und baut und baut und renoviert. Im September 2014 erfahrt ihr, dass Kind Nummer drei unterwegs ist, und im Oktober, dass Kind Nummer zwei ... einen Gendefekt hat. Sehr selten ...«

»...?!«

»Ja ...! Im Mai 2017 kommt dann euer viertes Kind zur Welt. Nummer drei und vier sind kerngesund, aber das sind eins und zwei ja auch ... jetzt ... irgendwie. Aber das Wichtigste ist: Ihr werdet immer glücklich sein und alles gut hinbekommen. Ach so, ihr werdet übrigens eure Handys mit eurem Gesicht öffnen können, einen Rasenmähroboter haben, und du, André, wirst einem fremden Mann in Kopenhagen ein Arschhaar ausreißen. Schönen Abend noch!«

»Wir reisen nach Kopenhagen?«

Tatsächlich sitzen wir an diesem Tisch in meiner Wohnung und niemand kommt herein. Meine Freunde Niklas und Klaus und ein Bekannter sind bei uns und dürfen diesem Moment beiwohnen, den ich heute als Wendepunkt meines alten Lebens und Initialzündung für ein neues sehe. Ich muss dazusagen, dass mächtig viel Alkohol im Spiel war und Shari und ich danach nur noch höchstens einmal diesen Pegel wieder gemeinsam erreichen sollten, nämlich am Tag unserer Hochzeit, als man uns beide mithilfe von drei Mann und einer Frau in unser traumhaftes EHEBETT im Schloss tragen musste.

Niemand ist in diesem Moment klar, was sich da gerade anbahnt in meiner Junggesellenbude am Rathenauplatz in Köln. Nachdem wir uns zum ersten Mal geküsst haben und alleine sind, sprechen wir über unsere Kinderwünsche, eine Hochzeit auf einem Schloss und ein Haus im Grünen.

Wir kennen uns gerade mal fünf Stunden, aber wir haben einen Plan.

Apropos Niklas: Wollt ihr wissen, was Freundschaft ist? Niklas ist 14 Jahre jünger als ich, und wir haben uns im ersten Jahr der Dreharbeiten zu AWZ kennengelernt. Als wir quasi Nachbarn wurden, entwickelte sich eine Großer-Bruder-kleiner-Bruder-Freundschaft, was nicht abwertend gemeint ist, sondern lediglich die Grundlage unserer Freundschaft beschreibt.

Niklas fand Shari gut und hat sie angebaggert. In ihrer direkten Art, die meiner gleicht, sie manchmal übertrumpft und mir an jenem Abend und noch in den nächsten 90 Jahren das Herz höherschlagen lassen wird, sagte Shari:

»Gib dir keine Mühe, ich stehe auf ältere Typen!«

»Okay ... Da kenne ich einen!«

Er erzählte ihr von mir, zeigte mir ein paar Tage später ein Bild von ihr und sagte:

»Die möchte dich gerne kennenlernen.«

Ich habe ja bereits angekündigt, dass ich hier vermutlich wiederholt am Rande der Glaubwürdigkeit herumbalanciere – denn ich entgegnete Folgendes:

»Die ist es! Ich muss sie kennenlernen! DAS IST SIE!«

»HAST DU KEINEN BOCK AUF MICH?«
DEZEMBER 2009

SHARI »Das heißt Blutegel!« André guckt mich mit einem leicht verschmitzten Lächeln an. »Blutigel. Hab ich doch gesagt.« Nur kurz irritiert, plappere ich weiter: »Der Arzt legt diese Teile also auf das Bein des Pferdes und dann saugen sie sich voll. Vollgesaugt fallen sie wieder ab. Frag mich nicht, ob das hilft. Es kostet auf jeden Fall eine Stange Geld. Und die Hoffnung stirbt ja bekanntlich zuletzt.« Ich bin nervös und rede schnell. Nicht nur, weil ich mich anscheinend gerade versprochen habe. Sondern vor allem, weil das heute unser erster gemeinsamer Abend ist. André gefällt mir so sehr, und ich will ihm gefallen. »Blutegel, Shari. Es heißt Blutegel. Nicht Igel.« André lacht.

Es ist Anfang Dezember 2009. Wir haben uns gestern Abend zum ersten Mal getroffen. Die Nacht habe ich bereits mit André verbracht, heute Morgen musste er dann arbeiten und ich bin zurück nach Hause gefahren. Jetzt also unser erstes Date. Nur wir beide. Nüchtern.

Ich bin mir sicher, dass er der Mann meiner Träume ist. Habe ich schon ein paar Mal in meinem Leben gedacht, das ist mir auch klar. Dieses Mal fühlt es sich aber anders an. Er ist charmant, gut aussehend und ich kann so sehr über ihn und mit ihm lachen.

Ich versuche André also weiterhin von mir zu überzeugen und erzähle ihm einen Schwank aus meinem Leben. Aus meinem jungen Leben. Von meinem Pferd. Und von meinem Hund. Von meinem Studium und von meinen Praktikas. »Praktika. Praktika ist bereits die Mehrzahl.« Er korrigiert mich schon wieder. Und jetzt kommt der Moment, in dem ich kurz stocke. Ich zweifle an mir, aber vor allem an ihm. Ist das noch charmant? Oder eher arrogant? Will er mir zeigen, an welchem Punkt er im Leben steht? Und wie wenig ich an diesen Punkt passe? Stellt er mich bloß? »Hast du keinen Bock auf mich?« Angriff ist die beste Verteidigung. Wir haben uns gerade beim

Thailänder um die Ecke etwas zu essen bestellt. Take-away, weil wir beide extrem fertig sind von der letzten Nacht. Ich überlege, wie ich den Abend möglichst glatt über die Bühne bringen und mich schnell vom Acker machen kann. André nimmt mich an der Hand. »Darüber kannst du doch hoffentlich auch lachen?« In dem Restaurant sitzen viele Leute. Er drückt mich fest an sich und küsst mich. Ein Statement, das ist mir klar. Und ich schmelze dahin. Wir haben uns jetzt bereits seit einer Stunde ausgiebig unterhalten. Sind von seiner Wohnung zwei Straßen weiter zum nächsten Thai-Restaurant gelaufen. Keine Küsse, keine Annäherungsversuche. Und jetzt verschlingt er mich hier an der Theke vor allen Leuten. Frisst mich förmlich auf. Von mir aus darf er mich noch tausend Mal korrigieren und über mich lachen.

AUSNAHMEZUSTAND ZWEI

GEWITTER IM KOPF
OKTOBER 2018

SHARI Es gibt viele verschiedene Arten der Epilepsie. Mari hat von jeder etwas. Mal liegt sie da und starrt in die Luft, mal zuckt ihre Oberlippe. Wir haben schon erlebt, dass sie rhythmisch mit Armen und Beinen geschlagen hat, dass sie Schaum vor dem Mund hatte, dass sie aufgehört hat zu atmen und blau geworden ist, aber auch, dass sie einfach nur alle zwei Minuten für zehn Sekunden in eine Art »Schlaf« gefallen ist. Was diese Momente mit Mari machen, wie sie sich für sie anfühlen und was sie für Folgen haben, können wir nur erahnen. Allerdings können wir umso genauer sagen, was sie mit uns machen: Es ist schrecklich mit anzusehen und bricht uns jedes Mal das Herz. Wir werden zwar von Mal zu Mal ruhiger in unserem Handeln, aber das Gefühl der Panik verschwindet nie. Und die Panik ist uns jedes Mal ins Gesicht geschrieben – was Maris Geschwister natürlich zusätzlich erschreckt.

Wir erklären ihnen das Geschehen als »Gewitter in Maris Kopf«. Danach sei sie immer so müde »wie nach einem langen Tag im Schwimmbad«. Was wirklich in ihr los ist? Wir wissen es nicht. Leider kann Mari uns darüber ja keine Informationen geben. Sie kann nicht mit uns sprechen, das Erlebte nicht mit uns teilen oder verarbeiten.

September 2018: Unser Sohn ging seit knapp zwei Wochen in die Schule. Unser Tag startete seitdem eine Stunde früher, außerdem gab es neue Prioritäten. Denn die Schule wartet nicht, pünktlich sein ist Pflicht. Das müssen nicht nur er und ich, sondern auch die drei Schwestern lernen.

An diesem Tag lief aber alles sehr entspannt. Obwohl André schon aus dem Haus war – oder vielleicht gerade deshalb? Ich weckte ein Kind nach dem anderen, und alles lief ungewohnt geordnet und mit viel Ruhe. Der Große zog sich an, ich machte ihm sein Frühstück und genoss meinen Kaffee. Der hat sich inzwischen auch in meinen Alltag geschlichen – mit 31 Jahren bin ich auf den Geschmack gekommen und brauche ihn jetzt morgens unbedingt. Die drei Mädels kuschelten in unserem Bett.

Nachdem unser Schulkind das Haus verlassen hatte, zog ich die Mädchen an. Ich begann mit der Kleinsten. Mein Blick wanderte vom Wickeltisch runter zum Boden auf den Teppich. Die Zweitkleinste streifte sich gerade einen Pullover über und steckte den Arm durch die Öffnung, die eigentlich für den Kopf vorgesehen ist. »Wo ist eigentlich Mari?«, fragte ich sie. Ohne zu antworten, machte sie sich auf die Suche, den Pullover halb um den Bauch gewickelt. Sie ist mit ihren drei Jahren schon eine so fürsorgliche »große kleine Schwester«.

Natürlich antwortete Mari nicht auf unser Rufen. Ich setzte mir die fertig angezogene Kleinste auf die Hüfte und machte mich mit auf die Suche. »Mari-Maus, wo bist du denn?« Ich konnte sie nicht hören. Kein Wuseln, kein Kramen, kein Poltern. Als ich sie mit ihrer kleinen Schwester auf dem Arm fand, lag sie mit weit geöffneten Augen auf dem Boden ihres Zimmers. Sie bewegte sich nicht und starrte in die Luft. Keine Reaktion. Wie hypnotisiert setzte ich die Kleinste zu ihr auf den Boden und rief auch die andere Kleine dazu. »Ihr bleibt hier bei Mari, ich hole Hilfe!« Ich rannte aus dem Zimmer, raus aus der Haustür auf die Straße und von Haus zu Haus. Verzweifelt klingelte ich bei allen Nachbarn und rannte dann panisch zurück zu meinen Kindern. In meinem Rücken hörte ich, wie sich eine Tür öffnete. »Ich brauche Hilfe, bitte helft mir!« Ich schrie, ohne zu wissen, wer die Tür geöffnet hatte, und stürzte zurück ins Kinderzimmer.

Wie hatte ich die beiden Kleinsten nur mit ihrer regungslosen Schwester alleinlassen können? Der Gedanke daran macht mich bis heute völlig fertig. Aber ich hatte keine Wahl. Mit den Notfallmedikamenten konnte ich Mari schnell helfen. Und die Geschwister waren dank der Nachbarschaft versorgt. Ich legte mir die völlig erschöpfte und von den Medikamenten sedierte Mari auf den Schoß und rief André an. »Guten Morgen, Schatz«, begrüßte er mich. Ich konnte ihm vor lauter Verzweiflung nicht antworten. Dass Mari einen Anfall gehabt hatte, war schlimm. Dass ich ihr nicht sofort helfen konnte und erst mal nach Hilfe gesucht habe, war noch schlimmer. Dass ihre kleinen Schwestern bei ihr sitzen bleiben und den Anfall mit ansehen mussten, brach mir das Herz. Ich weiß nicht, an welcher Stelle ich versagt habe, konnte aber in diesem Moment auch nicht darüber nachdenken, wie ich es hätte besser machen können. Eine Ausnahmesituation, die es so noch nicht gegeben hatte.

André versuchte mich zu beruhigen. »Du hast alles richtig gemacht. Du brauchtest Unterstützung und hast sie dir geholt. Wir müssen einfach darauf achten, dass wir in den nächsten Wochen niemals alleine mit Mari sind.«

Mari krampft jetzt seit einigen Wochen fast täglich. So etwas haben wir vorher noch nicht erlebt. Neben all den Anfällen, die unseren Familienalltag zum permanenten Ausnahmezustand machen, weil niemals etwas normal verläuft und man sekündlich mit allem rechnen muss, belastet uns vor allem, dass Mari nur noch erschöpft oder sediert ist. Dass sie nicht mehr die fröhliche Maus ist, die dem Leben und den Menschen entgegenlächelt und uns dadurch auch das Komplizierte so einfach macht.

»WIE MACHT IHR DAS NUR?«
NOVEMBER 2018

ANDRÉ Der *Status epilepticus* im Kindergarten, im August, war der Auftakt einer schlimmen Reihe von Anfällen. Als Mari im

Krankenwagen lag, nur noch halbseitig lächelte und einfach nicht aus diesem *Status* erwachen wollte, war ich mir sicher: Wenn sie das überhaupt überlebt, wird sie definitiv Folgeschäden haben.

Nach fast 80 Minuten kam sie wieder zu uns. Shari und ich saßen an ihrem Bett in der Notaufnahme, und plötzlich war ihr Blick nicht mehr starr. Sie suchte durch die halboffenen Lider etwas Vertrautes und fand: uns. Sie lächelte, wie sie es an normalen Tagen fast ununterbrochen tut. Dann setzte sie sich auf und streckte ihre Ärmchen nach uns aus. Ich nahm sie auf den Arm und drückte sie fest an mich, dann war Mama dran und dann ... wollte Mari den Raum erkunden. Wir konnten es nicht fassen, und auch die Ärzte waren baff. Mari berappelte sich gerade in Rekordzeit von einem 80-Minuten-Anfall und einer unfassbaren Menge an Valiumpräparaten, die den »Sturm« aus ihrem Köpfchen vertrieben hatten.

In den nächsten Tagen folgte Anfall auf Anfall. Unzählige schlaflose Nächte hatten wir seither.

»Soll ich ihr vor dem Einschlafen CBD-Öl geben?«

Shari sieht mich an und zuckt verzweifelt mit den Schultern. Wir haben seit Monaten ein Fläschchen mit diesem Öl in unserem Schrank stehen. Viele Angelman-Eltern schwören darauf, und wir denken auch, dass es uns weiterhelfen könnte. Bisher allerdings war unser Standpunkt: »Never change a winning team (of meds).« Bis vor Kurzem sind wir gut gefahren mit der Medikation. Und nachdem wir dann in die Katastrophe geschlittert waren, trauten wir uns erst recht nicht, etwas zu verändern.

»Wir geben es ihr nicht.«

Am nächsten Morgen wache ich auf. Und sehe ungläubig auf die Uhr. Mari hat durchgeschlafen. Ohne Anfall. Hätten wir ihr gestern Nacht das Öl gegeben, hätten wir die ruhige Nacht unweigerlich darauf zurückgeführt. So viel zum Thema Korrelation und Kausalität. Das ist eines meiner Lieblingsthemen: die Verwechslung von Gleichzeitigkeit mit Ursache. Da es so wenige Studien und Erhebungen gibt zum Thema Angelman-Syndrom, der dazugehörigen Epilepsie und ergo auch der passenden Medikation, führen wir ein Tagebuch. Darin halten wir Maris Anfälle und ihren Zustand fest, so viele (denkbare) Einflüsse wie möglich – und natürlich alle Medikamentengaben. Irgendwann hat uns jemand gesagt, dass Angelman-Kinder bei Vollmond sehr schlecht schlafen. Da ich sowieso nicht an die Vollmondnummer glaube beziehungsweise sie für eine selbsterfüllende Prophezeiung halte, habe ich daraufhin unser Tagebuch ausgewertet und siehe da: Bei Vollmond schläft Mari IMMER durch. Bei uns gilt also eine statistisch belegte Korrelation, die das Gegenteil der Vollmondthese aussagt.

Auch wenn diese Nacht gut war: Wir haben in den letzten drei Monaten kaum geschlafen.

Meine Tage und Nächte waren voller Sorge und Leid. Ich musste dennoch unfassbar viel drehen, und ich hatte dabei die ganze Zeit mein Handy im Anschlag, um zu sehen, ob Shari angerufen oder mir gar die Nachricht hinterlassen hat, dass es wieder losgeht. Dass Mari einen Anfall hat.

Zweimal habe ich gedacht, dass sie dieses Mal nicht wieder aufwacht. Ich habe mich mit dem möglichen Tod meines Kindes auseinandersetzen und dann die schlimmsten Gedanken immer wieder verdrängen müssen, um fokussiert zu sein, problemorientiert, um unserem Weg weiter zu folgen, nämlich dann mit Problemen umzugehen, wenn sie da sind.

Mari hatte von August bis Oktober über 20 Anfälle. Achtmal haben wir den Notarzt gerufen. In den früheren Anfallphasen kamen wir insgesamt auf höchstens acht Anfälle.

Es hat lange gedauert, bis wir eine Idee bekommen sollten, was diese Katastrophe ausgelöst haben könnte.

Alle um uns herum sagen, dass sie sich das nicht vorstellen können. Die Leute sagen das, seit wir die Diagnose haben. Die häufigste Frage lautet: »Wie macht ihr das? Wie schafft ihr das? Wie haltet ihr das durch?«

Unsere Antwort darauf ist meistens ein schulterzuckend-lächelndes, manchmal müdes: »Was bleibt uns anderes übrig?« Wir MÜSSEN es schaffen – und wir wollen und wir können es.

Weitere typische Dialoge mit Freunden und Fremden spielen sich etwa so ab:

»*Ich komme ja schon mit zwei Kindern nicht klar, aber ihr habt vier und dazu noch Maris Behinderung.*«
»*Die Behinderung spielt kaum noch eine Rolle, wenn nur diese verdammte Epilepsie nicht wäre. Aber: Elf Monate des Jahres läuft ja normalerweise alles super!*«

Oder so:

»*Und ich beschwere mich, weil ich gestern nicht gut geschlafen habe!*«
»*Ja, wir haben seit Monaten nicht mehr durchgeschlafen, aber muss oder kann man Leid vergleichen? Wir haben alle unsere Probleme, und jedes erscheint jedem anders. Es gibt kein größer und kein kleiner. Die Größe eines Problems ist rein subjektiv.*«

Ein Fan oder (wahrscheinlich) Ex-Fan nannte uns mal »GEILVORKOMMER«. Wir haben dieses Wort derart abgefeiert, dass es zu einem festen Hashtag in unseren Instagram-Kanälen wurde. Die Frau meinte zwar eher unsere visuelle, »sozial-mediale« Selbstdarstellung in unseren Posts und Storys, aber ihre Wortschöpfung beschreibt in einem Wort etwas, das ein bis dato völlig Fremder neulich zu uns sagte, der sich unsere ganze Geschichte von vorne bis hinten angehört und auch bei uns zu Hause angesehen hat.

Er sagte in etwa, dass er es wahnsinnig toll finde, wie wir alles stemmen. Mit vier Kindern, den vielen Jobs, dem Haus, unserem Angelman-Engel Mari und unserer glücklichen Beziehung. Und nach mehreren Stunden, die er am Stück mit uns verbracht hatte, meinte er auch, dass die Wahrheit auf der Hand liege: »Ihr spielt das nicht, ihr seid das. Allerdings müsst ihr aufpassen, dass ihr in eurem Buch nicht ZU perfekt rüberkommt. Das stresst die Leute ...«

Wir sind keine Künstler im Verstellen. Und gerade für einen Schauspieler bin ich verdammt schlecht im Lügen. Die Dinge sind, wie sie sind. UND DIE WAHRHEIT IST: WIR KOMMEN OFT NICHT KLAR. Ein bisschen mehr Normalität wäre manchmal schon ganz geil. Wie oft rasten wir aus, wie oft sind wir unfair zum anderen, zu den Kindern, zu uns selbst, zu anderen. Wie viele Tränen fließen, wie viele böse Worte fallen uns aus dem Mund.

Wir weinen manchmal zusammen – aber im nächsten Moment packen wir es eben an, denn wir haben immer einen Plan. Und geht der in die Brüche, schmieden wir den nächsten. Das Staffelholz glüht manchmal, aber einer ist immer stark. Und wenn den die Kräfte verlassen, ist der andere zuverlässig da.

Aufgeben passt nicht zu uns. Und es geht ja auch nicht. Unsere vier Kinder zählen auf uns. Und jeder Schlag ist auch ein Neuanfang, eine neue Chance. Es gibt kein absolutes Scheitern. Es gibt immer wieder einen neuen Plan. Denn man steigt niemals zweimal in denselben Fluss. Ein paar Umstände sind immer anders. Und geben manchmal Hoffnung.

Am Ende ist der stärkste Halt immer, dass es uns beide gibt, die wir uns lieben gelernt haben. Ja, obwohl es Liebe auf den ersten Blick war, mussten wir uns lieben lernen. Alles hat gestimmt, aber vieles mussten wir uns hart erarbeiten. Zwei kompromisslose Geister, die sich ihre Vorstellungen gegenseitig ins Herz und in den Kopf ballerten – und die sich ihre Kompromisse mühsam erkämpfen. Jeden Tag. Und immer in Liebe.

DIE SHANDRÉ-(R)EVOLUTION

»WENN, DANN FLIEGEN WIR GEMEINSAM ZUM MOND«
DEZEMBER 2009

SHARI »Wo willst du jetzt hin?« André guckt mich entsetzt an, als ich meine Tasche unter dem Bett hervorziehe. »Ich fahre zu meiner Mutter. Ich fahre nach Hause.« Ich schiebe den Kleiderschrank auf und schmeiße meine Unterhosen in die Tasche. »Das ist doch albern. Dein Zuhause ist hier.« André dreht sich um und verlässt den Raum.

Wir sind jetzt seit sechs Wochen ein Paar. Der Grund für unseren Streit ist banal. Ich habe André Teile meiner Hausarbeit vorgelesen. Ihn darum gebeten, mich zu unterstützen. Mir hätte ein »Ist gut so, kannst du so abgeben« gereicht. Aber er hat so viele Fragen gestellt und Kritik angebracht, dass ich am Ende überzeugt war, dass ich das Ding noch mal neu schreiben muss. Dass ich das Falsche studiere. Ich war so wütend und verzweifelt. Genervt. Vielleicht auch, weil ich gemerkt habe, dass er recht hat. Aber ich konnte nicht verstehen, warum er einfach nicht lockerlässt. Warum wir das Ding nicht gemeinsam in die Schublade legen und endlich das Wochenende genießen.

Aber das ist nicht André Dietz' Art. »Du wolltest meine Meinung hören.« André diskutiert und argumentiert gerne, nimmt nichts als gegeben hin. Er liest und recherchiert so lange, bis er eine eindeutige Antwort gefunden hat. Über Gott, über Politik und über Homöopathie genauso wie über Sterne oder eben über mein Fach: Medienmanagement. Fragt man ihn etwas, kann man sich darauf verlassen, dass er entweder eine Antwort hat oder eine findet. Ich liebe ihn dafür.

Gerade würde ich ihn aber am liebsten dafür verlassen. Oder zumindest gerne damit drohen.

Es geht hier nicht um offene Zahnpastatuben oder dreckige Wäsche. Wir lernen uns kennen. Wir erleben den Alltag miteinander und spielen uns aufeinander ein. Dazu gehört auch, sich gegenseitig Grenzen zu setzen. Mein Tag bestand vor unserer Beziehung überwiegend aus frühem Aufstehen, Sport, Lernen, Reiten, frühem Ins-Bett-Gehen. André hingegen arbeitet viel, trifft sich gerne mit Freunden, isst gut, trinkt gerne, raucht viel und macht gerne die Nacht zum Tage.

Wir müssen einen Weg finden, den wir gemeinsam gehen können. Dazu gehört natürlich auch, eine Streitkultur zu entwickeln. André ist mir nicht nur argumentativ deutlich überlegen. Wir wohnen gemeinsam – in seiner Wohnung. Außer einer Lampe und ein paar Klamotten habe ich nichts mitgebracht. Und auch wenn André mir in keiner Sekunde das Gefühl gibt, dass es nicht UNSER Zuhause sei, fühle ich mich in Diskussionen, in Geldfragen – beispielsweise beim Einkaufen oder Essengehen – oft nicht gleichberechtigt. Er versucht alles, damit dieses Gefühl nicht in mir aufkommt. Aber er ist nun mal in der stärkeren Position und hat die Oberhand.

Ich denke nicht wirklich ernsthaft darüber nach, zu meiner Mutter zu fahren. Ich weiß, dass er mich liebt, und dass er mich unbedingt bei sich haben will. Egal wie hitzig die Diskussion auch ist. Aber in meiner Verzweiflung sehe ich die »Drohung« damit als einzige Möglichkeit, ihm meine Not bewusst zu machen.

Meine Tasche ist fast fertig gepackt, da steht André wieder in der Schlafzimmertür. »Wir sind erwachsene Menschen. Hier ist dein Zuhause. Wir müssen das klären.« Ich bleibe hart: »Ich sehe aber keinen anderen Weg. Vielleicht brauchen wir etwas Zeit für uns.« Aber meine Stimme ist schon nicht mehr so laut und aggressiv. »Du willst zu deiner Mutter, weil ich ein paar Fragen gestellt habe?« Ich sehe selbst ein, wie absurd das ist. Ich komme aus der Nummer nur leider nicht mehr raus. »Ich will zu meiner Mutter, weil du nicht nachgibst. Weil du nicht einfach mal sagen kannst: Du hast recht.« – »Hattest du aber doch nicht?« Er kommt auf mich zu und will mich in den Arm nehmen. Ich drehe mich weg. »Aber wenn du das möchtest, werde ich dir in Zukunft immer recht geben. Fällt mir schwer, gebe ich zu. Aber ich mache alles für dich.« Er stellt meine Tasche auf den Boden und räumt meine Klamotten in seinen, in unseren Schrank. Ich setze mich auf das Bett. »Lass uns was essen gehen.« Er nimmt meine Hand und wischt mir damit die Tränen aus dem Gesicht. Später im Restaurant sprechen wir erneut über meine Hausarbeit. Er ist diesmal vorsichtiger mit seinen Argumenten. »Es tut mir leid«, sagt er, »ich wollte deine Arbeit nicht schlecht machen. Aber wir müssen über solche Dinge diskutieren können.« Obwohl er hier gerade offensichtlich Kritik an mir übt, gibt er mir gleichzeitig ein gutes Gefühl. Er ist ein Gentleman, redet mir aber nicht nach dem Mund. Eigentlich habe ich doch immer nach genau so jemandem gesucht. Verlegen sage ich: »Hoffentlich schießt du mich jetzt nicht zum Mond.« Er lacht mich an: »Wenn, dann fliegen wir da gemeinsam hin.« Wie sehr ich diesen Mann liebe!

Unser Hochzeitssong war übrigens: *Fly me to the moon, ...*

AUSNAHMEZUSTAND DREI

DAS WIRD-SCHON-GEN
SEPTEMBER 2018

SHARI Heute ist Hochzeitstag. Nicht unserer, aber der von einem Freundespaar. Sie heiraten heute. Und sie haben sich wahnsinnige Gedanken gemacht, um diesen Tag mit viel Liebe zum Detail zu etwas ganz Besonderem zu machen – für sich genauso wie für uns und alle anderen Gäste. Seit Monaten freuen wir uns auf diesen Tag. Auch, weil wir so viel dafür vorbereitet haben: Filme gedreht und geschnitten, Songs einstudiert. Und weil wir diese Hochzeit mit all unseren Freunden und endlich auch mal wieder nur als Paar genießen wollen. In schönen Kleidern, mit leckerem Essen, ohne Kinder. Einen ganzen Tag lang.

Bei der Vorbereitung auf solche Tage muss ich auch immer an unsere eigene Hochzeit denken. Es war so romantisch! Auf einem Schloss, mit allen Menschen, die uns wichtig waren, mit allem, was dazugehört. Ein ganz besonderer Tag, an dem wir frei waren. Nur Shandré. Jetzt ist alles anders. Wir sind andere Menschen. Wir tragen so viel Verantwortung. Und sind trotzdem noch glücklicher.

Manchmal wünsche ich mir, ich könnte diesen Tag noch ein zweites Mal erleben. Weil ich heute einen ganz anderen Blick auf meinen Mann habe. Weil ich heute so viele Menschen gerne dabeihätte, auf andere wiederum verzichten könnte. Und auch, weil ich einfach Lust hätte, dieses wahnsinnige Fest noch ein zweites Mal bis ins Detail zu planen und zu feiern.

Und dann gestern Abend das: »Leute, wir hatten eben den Worst Case! Mari hatte einen sehr schlimmen Anfall. Wir müssen den Morgen abwarten und schauen dann. Eventuell komme ich nur zur Probe und zur Trauung. Shari schicke ich auf jeden Fall zu euch.« Andrés Nachricht in die *Videodrehsingundsang-Gruppe*. Eine Gruppe, in der wir alle Hochzeitsvorbereitungen mit unseren Freunden geregelt haben. Und wir anderen haben uns natürlich sofort gefragt: »Wie sollen wir einen Song ohne André singen, der die tragende Rolle spielt beziehungsweise singt?«

Gestern Abend hätten wir nicht geglaubt, dass wir Mari heute irgendjemandem anvertrauen oder sie überhaupt jemals wieder in fremder Obhut lassen könnten. Der Anfall war so schlimm, dass wir den Notarzt rufen mussten. Wir waren so verzweifelt, dass wir die Ärzte aus der Nachbarschaft verrückt gemacht haben, weil wir Angst hatten, der Notarzt würde zu lange brauchen.

Heute sind wir wieder etwas optimistischer. Wir stehen hier im Park – es ist eine freie Trauung unter riesigen, alten Bäumen –, um mit dem Freundeskreis *Stand by me* zu singen. Wir versuchen uns heute zu entspannen. Paar zu sein, ohne zu viel darüber nachzudenken, was zu Hause alles schiefgehen könnte. Aber unsere Gedanken drehen sich ständig um Mari. Und um die anderen Kinder. Denn nicht nur wir als Eltern machen uns wahnsinnige Sorgen, auch in Maris Geschwistern steckt die Angst, die täglich in uns brodelt.

»Fragst du dich nicht auch manchmal, ob du auch allen Kindern gleichermaßen gerecht werden kannst? Ich habe nur zwei Kinder und stelle mir diese Frage fast täglich.« André und ich sitzen auf *Koh Phangan* oder auch: an Tisch 16. Eine runde Tafel am Rande eines riesigen Festsaals, auf einer deutsch-asiatischen Hochzeit, dekoriert mit Blumen, Glückskeksen und asiatischen Sonnenschirmchen. Bei uns sitzen drei andere Paare, die wir allerdings alle nicht gut kennen. Eine interessante Konstellation von Menschen auf einer Hochzeit, auf der 20 meiner engsten Freunde eingeladen sind. Wir sprechen über unsere Jobs, woher wir das Brautpaar kennen, über unsere Kinder, wo wir leben. Oberflächliche, aber sehr nette Unterhaltungen. Und jetzt diese Frage von einer Frau neben mir, die mir auf Anhieb sympathisch ist. Das Gespräch bekommt plötzlich eine bedeutende Tiefe.

»Ob ich allen Kindern gerecht werden kann? Hab ich mich bewusst noch nie wirklich gefragt.« Ich überlege kurz. »Bestimmt bekommen Kinder in einer Eins-zu-eins-Betreuung mehr Aufmerksamkeit. Sie haben mehr Möglichkeiten, unterschiedlichste Hobbys auszuprobieren und Zeit mit ihren Eltern zu verbringen. Aber unsere Kinder geben sich untereinander so viel, dass ich mich manchmal nur wie eine Randfigur fühle, die die Richtung vorgibt und begleitet, am Ende aber nur Raum schafft, damit sich die vier spielerisch und intellektuell befruchten können. Sie sind offensichtlich glücklich. Und sie kennen es ja auch nicht anders. Aber ich habe im Alltag ehrlich gesagt auch keine Zeit, mir diese Frage zu stellen oder sie tiefgründig zu beleuchten.«

Ich bin Mutter von vier Kindern. Von Klein- bis Schulkind, Junge und Mädchen, behindert und gesund. Und ich habe nur zwei Hände. Und was bedeutet »gerecht werden«? Das zu erfüllen, was die Außenwelt von mir erwartet? Lange und in Ruhe stillen? Ausgiebig basteln, vorlesen und beschäftigen – und das alles ausgewogen und mit jedem Kind gleich oft? Wenn das die Definition ist, kann ich glasklar antworten: Ich kann ihnen nicht gerecht werden. Jedenfalls nicht auf die Weise, wie ich es vor der Geburt des ersten Kindes dachte, tun zu müssen.

Beim ersten Kind überlegt man noch genau, welche Creme man verwendet, wann man mit dem Brei startet, gegen was und wann man impft. Ob die Party zu laut, der Besuch zu anstrengend für das Kind ist. Beim zweiten Kind denkt man über so etwas schon viel weniger nach. Das dritte Kind kann dann froh sein, wenn es überhaupt noch mal Zeit mit den Eltern alleine hat. Und ja, das vierte Kind bekommt mit sechs Monaten seine ersten Pommes gereicht und mit sieben Monaten gemeinsam mit dem großen Bruder das erste Mal *Die unendliche Geschichte* vorgelesen.

Ich möchte da sein, Bedürfnisse wahrnehmen und befriedigen, kann das aber nur begrenzt schaffen. Ich kann nicht allen immer gerecht werden. Allerdings bin ich nicht allein: Wir sind eine Familie, und alle tun, was sie können. Wir als Eltern, die Geschwister, Omas, Tanten und Freunde. Jeder tut, was er kann. Alle reichen uns und mir ihre unterstützenden Hände.

Zwei Stunden später. Es ist Mitternacht und André und ich machen auf der asiatischen Hochzeit einen polnischen Abgang. Wir wollen unsere freie Nacht nutzen, um ... Schlaf nachzuholen. Im Auto mache ich mir erneut Gedanken über das Gerechtwerden. Und dabei denke ich weniger an unsere Kinder als vielmehr an den Mann neben mir, der die Augen bereits geschlossen, den Kopf im Nacken und den Mund weit geöffnet hat. »Es war ein toller Tag mit dir, mein Schatz.« André kann mir jetzt auch nicht gerecht werden. Er schläft bereits tief und fest. Den Reisschnaps hat er sich heute aber auch wirklich verdient. Ich fahre das Auto und spreche meine Gedanken laut aus – im Wissen, dass André wahrscheinlich nichts davon zur Kenntnis nimmt. »Ich stelle mir nicht die Frage, ob ich allen Kindern gerecht werden kann. Mit Sicherheit dreht sich in letzter Zeit viel um Mari, und die anderen drei müssen Rücksicht nehmen und verzichten. Dafür kann Mari aber ihre Bedürfnisse nicht aussprechen und muss sich anpassen, weil sie sich nicht artikulieren kann. Und ist es nicht toll, dass unsere Kinder von klein auf lernen, dass wir aufeinander achtgeben und Kompromisse eingehen müssen, damit wir als Familie funktionieren können?«

Und wir als Paar? Können wir einander noch gerecht werden? Eine berechtigte Frage an einem Tag, auf den wir seit Monaten hingearbeitet, auf den wir uns bestens vorbereitet haben – und an dem wir dann unentwegt auf unsere Handys gucken, an unsere Kinder denken und um Mitternacht abhauen müssen. Trotzdem: Wir können! Ich nehme Andrés Hand, wohl wissend, dass er davon wohl nicht mehr viel mitbekommen wird. »Der Wille ist da. Wir möchten unseren Kindern und uns gerecht werden. Wir geben uns als Familie das Gefühl, dass wir alles geben, dass wir füreinander da sind. Und mit der Größe unserer Familie ist auch unsere Gelassenheit gewachsen. Wir wissen doch, dass alles irgendwie laufen wird.« André drückt meine Hand. Und im Radio läuft das Lied, das wir heute gemeinsam gesungen haben ... *stand by me.*

DIE AUSNAHMESITUATION BESTÄTIGT DIE REGEL
SEPTEMBER 2018

ANDRÉ Die Anfallphase ist noch nicht vorbei. Man lernt mit dem Chaos und der Angst zu leben und Ausnahmesituationen als normal hinzunehmen. Aber sind es dann überhaupt noch Ausnahmesituationen?
Ja!
Du weißt nie mit Sicherheit, wie es dieses Mal enden wird, und ziehst alle Möglichkeiten in Betracht. Ein paar Türen sind bereits aufgestoßen und man hat bereits einen Blick auf das geworfen, was dahinter auf einen wartet. Ein paar andere Türen sind noch verschlossen – und das dürfen sie auch gerne bleiben.

Diese ständige Angst macht einen wahnsinnig. Was, wenn sie nachts einen Anfall bekommt, in einen *Status epilepticus* rutscht und wir es nicht mitbekommen? Was, wenn sie erbricht und sich nicht mehr zur Seite drehen kann? Anstatt zu schlafen, stellen wir das Babyphon mit Videoüberwachung neben unser Bett und schauen alle fünf Minuten drauf. Bei uns im Bett würde Mari nicht schlafen. Wenn sie unruhig ist, wechseln Shari und ich uns normalerweise ab. Wobei ich in diesen Nächten meistens sowieso nicht pennen kann und freiwillig Maris Überwachung übernehme. In den ruhigen Phasen der Nächte lese ich alles über GABA, Epilepsie und Angelman, was ich finden kann, und versuche alles logisch zu sortieren.

Zwischendrin kommt mir immer wieder ein Gedanke: Wie kann es sein, dass es im Jahre 2018 nicht möglich ist, mit unseren Problemen zu einem Arzt zu gehen, der Antworten auf unsere (wohlgemerkt sehr genauen) Fragen hat? Warum müssen wir uns alles selbst erkämpfen? Und warum gibt es keine feststehende Medikation für Menschen wie Mari?

In einer Nacht habe ich unser Tagebuch quasi auseinandergenommen und versucht, alles zu analysieren, was wir darin festgehalten haben.

Vor einem Jahr hatte Mari bereits einen *Status epilepticus*. Danach haben wir die Medikation umgestellt. Basierend auf Tipps von Evelyn und Christel vom Angelman-Verein und Professor Thibert vom MassGeneral Hospital for Children in Boston, dessen Forschungsergebnisse um Lichtjahre von den Empfehlungen entfernt sind, die in Deutschland ausgegeben werden und die zuletzt wahrscheinlich 1992 aktualisiert worden sind. Und es hat funktioniert. Genau ein Jahr komplett ohne Probleme. Dann der erneute *Status*. Mit über 20 Anfällen statt acht.

Wir sind sicher, dass der Schlüssel die Medikation ist: Wann und warum geben wir was und wie viel? All das mussten wir hart erlernen und uns selbst zusammenreimen. Und nur durch diese schlimmen Phasen und die langsamen Entwicklungsschritte konnten wir letztlich auch unser aktuelles Problem lösen.

Wenn Mari in der Epilepsie gefangen ist, wirken unsere Probleme aus der Vergangenheit, der Zeit vor Shandré, belanglos. Damals allerdings waren sie existenziell.

WOHER WIR KAMEN

JEDER MANN WEISS DAS ÜBER MICH
NOVEMBER 2009

SHARI Ich sitze auf meinem Bett, um mich herum viele Kisten. »Räum das Zeug direkt aus, sonst steht das nur im Weg rum.« Meine Mutter steht plötzlich in meinem Zimmer. Sie sorgt sich um ihre Ordnung. Extrem ernüchternd.

Ich habe sechs Monate Praktikum in Hamburg hinter mir. Eine eigene Wohnung, mein eigener Haushalt. Ganz alleine. Mitten in der Stadt. Mit dem Fahrrad konnte ich alles und jeden erreichen. Ich war immer unterwegs. Wilde Partys, öfter mal ein anderer Mann. In der Mittagspause mit Freunden zum Essen verabredet, am Wochenende den ganzen Tag im Bett gegammelt. Das alles in der (zweit-)schönsten Stadt Deutschlands.

Und jetzt? Jetzt ziehe ich zurück in mein Kinderzimmer. In Bergisch Gladbach. So hatte ich mir das eigentlich nicht vorgestellt. Aber eine Alternative gibt es nicht. Also alles wieder auf Anfang: Woanders schlafen bitte nur mit Vorwarnung, damit sich niemand sorgt. Jemanden mitbringen immer gerne – aber beim Frühstück bitte kurz vorstellen! Wäsche darf ich selbst waschen und bügeln – aber bitte sofort. Am Wochenende wird gemeinsam geputzt. WG-Feeling der unschönen Art, mit Muttifaktor.

Ich bin frustriert. Nicht nur, weil ich jetzt wieder bei meiner Mutter lebe. Sondern vor allem, weil ich das Gefühl habe, meiner gerade erkämpften Selbstständigkeit beraubt zu werden. Das Berufsleben hat mir unglaublich viel Spaß bereitet – und jetzt muss ich wieder Hausarbeiten schreiben und gleichzeitig für fünf Klausuren lernen. Zurück in der Abhängigkeit. Von Uni und Eltern. Gegessen wird, was auf den Tisch kommt. Und bitte pünktlich erscheinen.

Meine Eltern sind schon lange getrennt. Auf neue Konstellationen wollte und konnte ich mich nicht einlassen, was das damalige Verhältnis zu meiner Mutter und ihrem Freund sowie das Zusammenleben unter einem Dach erschwerte.

Meine Eltern haben sich geliebt und mir das Urvertrauen in eine Partnerschaft gegeben. Jeder für sich hat mir Werte vermittelt, nach denen ich strebe. Unabhängigkeit, Ehrlichkeit, Fürsorge, Vertrauen. Sich auf sein Können verlassen, sich gleichzeitig für nichts zu schade sein. Dankbar sein. Füreinander da sein. Sich umeinander sorgen. Und auch wenn ich sie irgendwann angefleht habe, sich endlich zu trennen, ist mein größtes Bedürfnis, eine glückliche Partnerschaft zu führen. Eine perfekte Familie zu haben. Schon als Kind habe ich Bilder von Vater, Mutter und Kind im Kinderwagen gemalt. Jeder Mann, mit dem ich näheren Kontakt hatte, weiß das über mich. Denn egal welchen Mann ich kennenlernte: Meine Intention war nie eine wilde Nacht, vielmehr die große Liebe und eine glückliche Familie. Damit habe ich bestimmt den einen oder anderen schockiert. Aber Ehrlichkeit ist eine der Tugenden, die mir meine Mutter mit auf den Weg gegeben hat. Erfolgreich.

Seit Hamburg – Affären mit vergebenen Männern, One-Night-Stands – weiß ich ein kleines bisschen besser, was ich von Männern erwarte und worauf ich gut und gerne verzichten kann. Auch meine Freundinnen und Freunde habe ich neu kennengelernt. Und vor allem mich selbst. Das hat mich verändert. In Bezug auf mein Studium genauso wie im Umgang mit Menschen … und mit Männern.

»DANN ZIEH DIR DOCH ERST MAL 'NE HOSE AN«
MÄRZ 2009

KEINE LIEBE

KURZ NACH 10
GLEICH IST MITTERNACHT
KANN KAUM NOCH STEHEN
OH, SCHON WIEDER 8
DERSELBE LADEN
UND DU BIST NICHT HIER
SCHENK ENDLICH EIN
DANN ERTRINK ICH IN MIR

WER MICH HEUTE KRIEGT
DEN WILL ICH NICHT MEHR
WER MICH HEUTE WILL
DER KRIEGT MICH NIE MEHR
WER DAS HIER WILL
DER SUCHT KEINE TRÄNEN
WER DAS HIER SUCHT
DER WILL NICHT ERKENNEN

ES GIBT KEINE LIEBE IN DER GROSSEN STADT

DIE SONNE GEHT AUF UND ICH GEH UNTER
IN MEINEN GEFÜHLEN
NUR WER DEN ROCK 'N' ROLL GELEBT HAT
KANN IHN AUCH SPIELEN
ICH WILL NICHT DER ERSTE SEIN
UND GARANTIERT AUCH NICHT DER LETZTE

KOMMT UND LASST MICH RUHIG HIER ALLEIN
WO MICH DIE NACHT VERSETZTE

UND DIE GROSSEN GEFÜHLE
DIE MACHEN MICH KRANK
UND KEINS DAVON WAR DA
ALS ICH IM CHAOS VERSANK
WAS ICH WIRKLICH WILL
BLEIBT DA WO'S NICHT HINGEHÖRT
WAS ICH WIRKLICH WILL WAR DA
NUR HAB ICH NICHT HINGEHÖRT

ANDRÉ Ich wache auf. Es ist Mittag. Mitten in der Woche. Gegen 14 Uhr. Die Sonne scheint durch die Vorhänge in mein Schlafzimmer. Die Nacht ging mal wieder bis sechs Uhr morgens. Auf meinem Nachttisch steht eine halbvolle Flasche Kölsch und nebendran ein Brettchen mit einer angeschnittenen Salami. Ich quäle mich in die Küche und fülle eine leere Apfelsaftflasche mit Leitungswasser. Gestern Nacht habe ich im Kiosk lediglich Kölsch und Pils gekauft und zwei Flaschen Sekt. Die anwesenden Damen hatten das so gewünscht. Zurück im Bett, schneide ich mir ein Stück Salami ab. Frühstück. Dann drehe ich mich zur Seite und bemerke, dass da noch jemand liegt. Verdammt …! Na klar. Da war ja noch was. Ich habe ihren Namen vergessen; aber so, wie sie drauf war, wird sie meinen garantiert auch nicht mehr wissen, denke ich und versuche noch mal einzuschlafen.
»André?«
Verdammt!
»… Hey!«

Von solchen Situationen und den abstrusesten damit verbundenen Komplikationen kann ich abendfüllend erzählen. Und ich möchte diese Phase meines Lebens auch nicht missen, da sie mich zu dem gemacht hat, der ich bin. Allerdings kann ich mich überhaupt nicht mehr in mein damaliges Ich hineindenken. Das Ganze erscheint mir wie ein wilder Traum oder wie das Leben eines anderen Menschen. Es gab viele Frauen, und die meisten waren mit Sicherheit tolle Menschen. Und bei meinen Kindern: Ich habe jede einzelne gut behandelt. Allerdings wollte ich nach einer Nacht keine von ihnen mehr wiedersehen. Sie waren bloß Bestätigung für mich und mein armseliges Leben. Ich verdiente inzwischen immerhin wieder Geld und war dabei, meine über die Jahre aufgenommenen Schulden in großem Stil abzubezahlen – aber dennoch war alles, was ich tat und wie ich es tat, armselig. Klar, es hatte noch üblere Zeiten gegeben, vielleicht zwei Jahre zuvor, als ich mir teilweise nichts mehr zu essen kaufen konnte. Das sah jetzt anders aus, aber Geld alleine macht eben, wie so oft beschrieben, auch nicht glücklich.

Ich bringe sie zur Tür.
»Ja, dann ...«, sagt sie.
»Mach's gut.« Stille. Blicke. Peinliche Situation. Küssen wäre nach meiner morgendlichen Zurückhaltung etwas unangebracht. Mein Nachbar Axel öffnet seine Tür und grinst mich an.
Ich grinse zurück, wende mich der sichtlich überforderten, etwas abgerockten, aber dennoch attraktiven Dame zu und frage: »Und ich soll dich wirklich nirgendwo hinfahren?« Bittesagneinbittesagnein! »Wenn du so fragst ...« Verdammt! »Ich müsste zum Barbarossaplatz.« Puh! »Wir befinden uns hier zwischen Rudolfplatz und Zülpicher, der Weg zu meiner Garage wäre weiter! Aber ich bringe dich gerne dahin!« WasisteigentlichlosmitdirAndré?! »Nee, ist schon gut. Man sieht sich.«
»Man sieht sich«, rufe ich träge hinterher. »Man sieht sich«, ruft Axel deutlich fröhlicher und wacher und dann, zu mir gewandt: »Kaffee?«
»Gerne!«
»Dann zieh dir doch erst mal 'ne Hose an und komm rüber.«

Ich gehe durch den langen Flur in meine Wohnung zurück. Die Küche ist ein Saustall, der Tisch ist übersät mit leeren Flaschen, mittendrin ein überfüllter Aschenbecher. Teller mit Nudelresten. Klamotten auf dem Küchenboden. Und es stinkt. Ich gehe zum Schlafzimmer und bleibe mit dem Blick an meinem Bücherregal hängen. So viel Literatur – und kein Buch kann mir sagen, wie ich mein Leben leben könnte oder sollte. Ich bin Anfang 30, meine Eltern sind beide schon länger nicht mehr am Leben, ich habe viele Freunde und meine Schwester, meinen Schwager und meine Neffen und meine Tante. Aber trotzdem bin ich allein.

Ein Buch fällt mir ins Auge. Ein furchtbarer Esoterikschinken. Lebenshilfe. Die Quintessenz aus über 100 Seiten: Fokussiere deine Ziele und Träume. Ich habe es gelesen, damals auf Bali.

»WHERE DO YOU LIVE?«
DEZEMBER 2008

REGEN

ICH HAB GEWONNEN
UND VERLOREN
ICH BIN GESTORBEN
UND NEU GEBOREN
UND ICH WEISS
DASS ES REGEN GIBT

ICH HAB EROBERT
UND BESIEGT
ICH HAB GETRUNKEN
UND ICH HAB GELIEBT
UND ICH WEISS
DASS ES REGEN GIBT

ICH HAB VERLASSEN
UND BETROGEN
ICH HAB GESCHLAGEN
UND ICH HAB GELOGEN
UND ICH WEISS
DASS ES REGEN GIBT

ICH HAB VERDAMMT
UND VERMISST
ICH HAB GEHASST
UND ICH HAB GEKÜSST
UND ICH WEISS
DASS ES REGEN GIBT

ICH HAB GELACHT
UND GEWEINT
UND ICH HAB ALLES
GENAUSO GEMEINT
WEIL ICH WEISS
DASS ES REGEN GIBT

ANDRÉ Ich wache auf. Mein Kopf schwirrt wie ein Raumschiff. Die Palmen biegen sich im Sturm. Ich krümme mich vor Schmerzen und versuche aufzustehen. Keine Chance. Ich muss zur Toilette, sonst liege ich gleich in meiner eigenen Scheiße. Ich schreie auf. Vielleicht hört mich ja jemand. Mein Magen schmerzt, wie er noch nie zuvor in meinem Leben geschmerzt hat. Ich schaffe es unter Qualen auf die Toilette. Nach der ersten Erleichterung kommt der nächste Schock: Die Schüssel ist neben allen anderen Entleerungen voller Blut.

36 STUNDEN ZUVOR:

Ich sitze alleine in einem Restaurant, irgendwo an der Südküste Balis, und denke an die letzten Wochen. Ich hatte einen Schlussstrich unter eine zehn Jahre währende On-Off-Beziehung gezogen und spontan beschlossen, am 2. Weihnachtsfeiertag alleine nach Bali zu fliegen. Zum ersten Mal seit zehn Jahren geht es mir gut mit der Entscheidung, es mal wieder ein für alle Mal zu lassen mit ihr.

Nach dem Essen gehe ich in eine Bar; es ist nichts los. Ich setze mich neben ein paar junge Balinesen und trinke ein Bier. Freiheit. Irgendwann komme ich mit den Jungs in ein »Gespräch«, bestehend aus drei Worthülsen auf Englisch. Man bietet mir Arrak aus einer wirklich abgegriffenen Jim-Beam-Flasche an. Ich gehe mal wieder *all in*. Das »Schicksal« nimmt seinen Lauf. Ich erinnere mich noch an eine angeregte Unterhaltung mit ein paar Backpackern vor einer anderen Bar. Dann kommt ein Filmriss. Die nächste Erinnerung ist mein Erwachen. Es wackelt und rappelt. Ich sitze auf der Ladefläche eines Pickup-Trucks, und vier Balinesinnen sehen mich verständnislos mit versteinerten Gesichtern an, während ihre Köpfe, ob der schlechten Federung und der noch schlechteren Straße, hin und her wackeln wie diese chinesischen Winkekatzen. Sie haben aus Holz gefertigte Hühnerkäfige auf dem Schoß, ein weiterer steht neben mir. Der Morgen bricht an und wir fahren eine steinige Piste hinunter Richtung Küste. Ich will das alles nicht wahrhaben, schließe die Augen – und wache das nächste Mal auf einem Markt irgendwo auf Bali auf. Die Ladefläche des Pickups ist derart unbequem, dass ich mich entschließe, meinen geschundenen Körper aufzurichten. Hinter mir steht ein Priester, die Arme locker auf die Ladefläche gestützt, und beobachtet mich. »Where do you live?«

»Ähhh ... Cologne?«

»On this island!«

»Ah, sorry. I live in ... äh ... near ... ähm ...«

Ja, wo wohne ich eigentlich? Ich hatte keine Ahnung, wie das heißt.

Nach vielen Beschreibungen der Umgebung findet er einen Fahrer für mich. Ich gebe ihm etwas Geld für seine Kirche und steige in einen weiteren Pickup. Gegen Mittag bin ich in meinem Zimmer.

37 STUNDEN SPÄTER:

Ich wache vor der Toilette aus einer Ohnmacht auf. Ich brauche Hilfe. Keine Ahnung, wo mein Handy ist. Der Weg zur Tür ist näher, also schleppe ich mich unter Schmerzen und unglaublicher Anstrengung dorthin. Ich öffne die Tür meines Apartments und rufe in den Flur. Vor zwei Tagen habe ich hier ein deutsches Pärchen gesehen. Ich versuche es auf Deutsch und Englisch. Dann lasse ich die Tür offen und schleppe mich zurück ins Bett.

Als ich aufwache, stehen die beiden tatsächlich in meinem Zimmer. Sie hatten eine »balinesische Ärztin« gerufen, die mir empfahl, Reis zu essen und Elektrolyte zu mir zu nehmen. Die beiden sagen in der Tauchschule Bescheid, über die ich an das Zimmer gekommen bin, und so kümmern sich verschiedene Leute um mich und bringen mir Medikamente, Essen und Trinken.

Vier Tage lang liege ich in diesem Zimmer. Es gibt keinen Fernseher. Nach 12000 Runden »Snake« und den beiden Büchern, die ich noch nicht gelesen hatte, bleibt nur noch dieses esoterisch angehauchte LEBEDEINENTRAUMUNDTRÄUMEDEINLEBEN-Buch übrig.

Auf etwa 200 Seiten wird da hanebüchen über Frequenzen und das Universum und das Anziehen von Glück durch positive Gedanken und das Anziehen von Pech durch negative Gedanken schwadroniert.

Das Buch ist wie ein Unfall. Ich bin angewidert, kann aber nicht wegschauen. Ich muss diesen Schrott weiterlesen, werde wütend, muss lachen und knalle das Buch kurz vor dem Ende in eine Ecke des Zimmers. Allerdings stimmt eine Sache: Es ist gut, seine Wünsche zu benennen, sie sogar vor dem geistigen Auge zu visualisieren. Also kritzel ich das Buch voll mit meinen Wünschen, schließe die Augen und erträume mir meine Zukunft. Und ob ihr es glaubt oder nicht: Es ist alles in Erfüllung gegangen. Nicht wegen des Eso-Buches, sondern weil ich mir in diesen vier Tagen klarmache, wer ich bin und wer ich sein will.

Ich hatte nichts mehr zu verlieren, nur noch zu gewinnen. Was für ein Wahnsinnsausgangspunkt!

Als ich endlich wieder fit war, machte ich mehrere Tauchgänge und genoss mein Leben ... ohne Arrak. Ich sah bei einer Dämonenaustreibung zu und dachte: Leute, das habe ich auch gerade hinter mir.

Ich hatte vor, die Insel in der verbleibenden Zeit mit dem Rucksack zu erkunden, und plante meine letzten Tage auf Bali. Vorher wollte ich allerdings noch einen letzten Tauchgang machen. Die Jungs von der Tauchschule waren sich aufgrund der Wettermeldungen nicht ganz sicher, ob wir noch einmal raussollten, entschieden sich dann aber dafür. Ich war froh, denn ich hatte eine Menge Zeit in diesem Zimmer zugebracht und wollte jetzt alles mitnehmen, was ging.

Wir tauchten mit vier Leuten, als mich plötzlich eine Strömung erfasste und mich aus der Gruppe riss. Ich war ganz alleine, da unter Wasser.

Dank etwa 70 absolvierter Tauchgänge, wusste ich, was zu tun war. Ich stieg langsam auf und machte in aller Ruhe die vorgeschriebene Pause fünf Meter unter der Oberfläche. Zum Glück hatte ich eine Vorstellung, wo da oben das Boot wartete.

Als ich schließlich auftauchte sah ich: nichts. Es regnete, die Wellen gingen hoch. Kein Boot, kein Land, keine anderen Taucher.

Ich blies meine Rettungsweste auf und trieb alleine im Indischen Ozean, irgendwo südlich von Bali.

Schwimmen hatte keinen Sinn, denn ich wusste nicht, ob vor mir Bali lag – oder diese andere große Insel namens Australien. In mehreren tausend Seemeilen Entfernung.

Das Seltsame war: Ich hatte keine Angst. Ich wusste, ich würde nicht sterben. Ich ließ mich treiben und war gespannt.

Ich dachte an meine Pläne, meine Träume und daran, dass mir die Welt offenstünde, wenn ich hier rauskäme. Nach einer halben Stunde wurde ich gefunden.

Bali: Das war meine Katharsis. In dieser Zeit auf Bali habe ich mindestens zehn Songs geschrieben, unter anderem das oben abgedruckte *Regen*. Eigentlich ein Song, den man mit Ende 50 und nicht mit Anfang 30 schreiben sollte, aber so war es.

Es ist nicht so, dass ich das Chaos anziehe. Oder dass ich hier Scheiße erzähle. Es ist einfach nur so, dass ich oft Grenzen überschritten habe. Oft habe ich, ohne groß nachzudenken, gesagt: Ich mache das jetzt. Und ich bin der Typ, der immer alles konsequent bis zum Ende durchziehen muss. Auch den größten Blödsinn.

Nach Bali wurden meine Entscheidungen noch konsequenter. Ich wollte mich nicht mehr mit Menschen umgeben, die mich emotional oder finanziell ausnutzen, also verabschiedete ich mich von vielen. Vielleicht war das manchmal etwas hart, aber mein Leben war jetzt sortierter. Auch wenn ich das mit dem Alkohol noch nicht so wirklich ließ. Die krasse Entscheidung, die Grenzüberschreitung, wie zum Beispiel die Kopenhagen-Arschhaar-Geschichte, machen mein Leben weiterhin aus. Dadurch fand ich auch den Weg zu Shari. Dass unsere ersten beiden Kinder dann mit zwei der seltensten Krankheiten aller Zeiten zur Welt kamen, hat zwar nicht direkt etwas mit meinem früheren Leben zu tun, war allerdings ein konsequenter Move dieses Schicksals, von dem immer alle reden.

Seit Bali hatte ich einen Plan, ein Ziel. Und in Shari fand ich das fehlende Teil, das mich komplett machte und mit mir Probleme und Aufgaben bewältigte, wie ich es in meinen kühnsten Träumen nicht erwartet hätte.

SHANDRÉ wurde unsere eigene Marke: ein Team – unschlagbar, kompromisslos und effektiv.

Ohne Bali und den Eso-Schinken, ohne diesen »Du kannst alles schaffen«-Mythos hätte ich vielleicht nicht verstanden, was da vor mir stand, als SIE vor mir stand.

Ich hatte sie gefunden, als ich aufgab, nach ihr zu suchen.

»KANNST DU DIR VORSTELLEN, MIT MIR IN DIESER WOHNUNG ZU LEBEN?«

OKTOBER 2011

SHARI »Wir würden uns die Wohnung gerne ansehen«, sage ich.
»Alles klar, wann passt es Ihnen denn?«
»Jetzt?« Shari und André Dietz machen gerne alles. Und zwar sofort. Ohne Bedenkzeit.

Noch am selben Nachmittag besichtigen wir die Wohnung, die ich morgens im Netz entdeckt habe. Hohe Decken, große Sprossenfenster, zwei Balkone. Ein unglaublich langer Flur, der den Wohn- mit dem Schlafbereich verbindet. Die Wohnung befindet sich allerdings gerade im Rohbauzustand. Die Wände sind nicht verputzt, die roten Klinker liegen frei. Das Ganze hat unglaublich viel Charme. Wir gehen durch die Wohnung, und ich kann mir bildlich vorstellen, wo ich was gerne hätte. Wir können den Grundriss selbst planen. André spricht meine Gedanken aus. Und er geht sogar noch einen Schritt weiter: »Wir sind uns ziemlich sicher.« In dem »ziemlich« erkenne ich einen kleinen Notausgang. Eine Tür, die André uns noch offen halten möchte. Für den Fall, dass uns unter vier Augen vielleicht doch noch ein Gegenargument einfallen könnte. Für den Fall, dass wir die Wohnung vielleicht gar nicht finanziert bekommen. »Wir geben Ihnen bis morgen Bescheid.« Wow, mein Mann klingt entschlossen. André nimmt mich an der Hand, und gemeinsam gehen wir die Treppe hinunter. Stufe für Stufe, durch das historische Treppenhaus von 1904. Ein Altbau, mitten im Belgischen Viertel in Köln. Wir haben uns gerade unser zukünftiges Zuhause angesehen. Wir wollen diese Wohnung kaufen, auch wenn wir noch nicht wissen wie.

»Kannst du dir vorstellen, mit mir in dieser Wohnung zu leben?«, frage ich André und streichle mir dabei über meinen schwangeren Bauch.

»Wir haben uns doch schon entschieden, oder?« Er hat recht. Wir gehen zurück zu unserer derzeitigen Wohnung, die nur 200 Meter von der neuen entfernt liegt. Wir überqueren eine große Kreuzung. Geradeaus liegt unser Lieblingspark, links der Supermarkt. Um die Ecke der beste Pizza-Lieferservice. Wir sind seit zwei Jahren ein Paar, seit einem Jahr verheiratet. Wir haben uns in diesem Viertel kennengelernt und fühlen uns hier wohl. Alles hier verbinden wir mit unserer ersten gemeinsamen Zeit. Hier soll auch unser Kind aufwachsen. André hat recht. Wie so oft in unserem gemeinsamen Leben reicht ein Blick. Wir haben uns entschieden. Für uns, für eine Hochzeit, für das Baby, für diese Wohnung. Wir sind uns sicher.

Zwei Jahre später: Ich ziehe den Kinderwagen hinter mir die Treppe hoch und öffne die Haustür. Weitere 14 Stufen liegen vor mir, bis ich den Wagen unter den Briefkästen abstellen und Kind und Einkäufe hoch zum Aufzug tragen kann. Das sind noch mal 18 Stufen. »Eine ganz schöne Schlepperei«, ruft mir unsere Nachbarin zu, die gerade ihren Müll die Treppen herunterträgt. Ich bin mir nicht sicher, ob sie mein Kind, die Einkäufe oder ihren Müll meint. Aber recht hat sie. Optimal ist anders. Der Kleine krabbelt die Stufen hoch, immer kurz davor, nach hinten zu kippen. Ich lasse die Tüten stehen und trage ihn hoch zum Aufzug. »Luxusprobleme«, rufe ich und zwinkere der Nachbarin zu.

Oben angekommen, muss ich tief durchatmen. Die erneute Schwangerschaft belastet mich, ich habe mit starker Übelkeit zu kämpfen und die letzten Stufen vom Aufzug zum Wohnungseingang geben mir den Rest. Ich setze den Kleinen ab, der Sand vom Spielplatz rieselt aus seiner umgeschlagenen Hose. In diesem Moment kommt André die Treppe hoch, er ist alle Stufen gelaufen. »Ich habe euch etwas mitgebracht!« Es macht mich glücklich, wenn er von der Arbeit nach Hause kommt. Und noch glücklicher, wenn er mir alle Einkäufe hinterherträgt. »Du solltest das nicht mehr machen«, sagt er. »Was genau? Den Kleinen heben, den Kinderwagen hochziehen? Oder die Einkäufe schleppen?« Er zuckt mit den Schultern und küsst mich. Wir fühlen uns sehr wohl hier, mitten in der Stadt, im 4. Stock. Im Herz der Stadt. Am Puls der Zeit. Wir bekommen alles mit, nehmen noch am Großstadtleben teil, unsere Freunde sind in der Nähe. Doch alles hat seine Zeit. Ist unsere Zeit hier vielleicht vorbei?

Ein Haus mit Garten ist seit der neuen Schwangerschaft immer wieder Thema zwischen uns beiden. Wie soll ich bald zwei Kinder und die Einkäufe tragen? Wie praktisch wäre eine Garage? Wie schön wäre ein Garten? André und ich haben einen Plan von unserem Leben. Wir sind beide sehr entschlossene Menschen. Je länger wir zusammen sind, desto mehr gelingt es uns, den anderen für neue Ideen zu begeistern. Wir sprechen über unsere Träume, haben Visionen. Wir äußern unsere Ängste und stärken uns bei Zweifeln. An welchem Punkt in unserem Leben sind wir eigentlich zu diesem perfekten Paar geworden?

Zwei Stunden später: Wir liegen in unserem Bett und klicken uns durch Immoscout. Die Suchmaske spuckt mehrere Häuser aus. Ein Bungalow sagt mir sofort zu. Ich schiebe André den Rechner rüber. »Das ist mein Traumhaus.« Ich zeige ihm das Exposé, um ihm ein Gefühl dafür zu geben, was mir gefällt. »Lass es uns angucken«, sagt er entschlossen. Ich liebe ihn dafür. Wir klicken uns gemeinsam durch weitere Angebote. Kein einziges kommt mehr infrage. Ich schreibe eine E-Mail an die Maklerin.

Wir haben uns kein weiteres Haus angesehen, sondern dieses erste gekauft. Wieder einmal hat unser Alltag uns gezeigt, wie gut wir gemeinsame Entscheidungen treffen, wie schnell wir den anderen von unseren Visionen und Ideen überzeugen können. Und wie viel Halt wir uns gegenseitig geben.

DAS ERSTE KIND, DIE ERSTE DIAGNOSE

AUSGERECHNET UNSER SOHN SOLL NICHT FURZEN KÖNNEN?!?

APRIL 2012

PROLÖGCHEN:

ANDRÉ Als ich etwa drei oder vier Jahre alt war, begleitete ich meine Mutter zu einer Modenschau. Ich meine keine Prêt-à-porter-SHOW in Paris, sondern eine altbackene ModenSCHAU in einem Koblenzer Kaufhaus. Ende der 70er. Bühne mit Teppichboden, Neonbeleuchtung, wahrscheinlich durfte geraucht werden.
Irgendwann zerrte der Moderator mich auf die Bühne, um mich zu interviewen. Ich kann mich daran nur sehr schemenhaft erinnern, aber die Geschichte wurde lange Zeit in meiner Familie und in deren Freundeskreis erzählt, daher kann ich sie so wiedergeben. Ich hörte sie hundertmal, als ich noch klein war, und zermarterte mir jedes Mal das Hirn, warum alle Erwachsenen sie so lustig fanden.
Der Moderator fragte: »Was willst du mal werden, wenn du groß bist?«
Meine Antwort: »Vater!«
Der ganze Saal lachte sich kaputt. Daran glaube ich mich zu erinnern. An diesen Moment, als alle lachten und ich nicht verstand, warum. Wie es sich noch hundert Mal wiederholen sollte – und jedes Mal fragte ich mich: »WIESO LACHEN DIE DARÜBER?« Und ich denke bis heute: Dass ich damals »Vater« geantwortet habe und nicht »Feuer-

wehrmann« oder gar »Schauspieler«, spricht doch Bände über meine glückliche Kindheit.

Ob mir der lachende Saal trotzdem gefallen hat? Ich weiß es nicht mehr. Vielleicht war ich das blinde Hühnchen, das ein Korn gefunden hatte und es dankbar aufpickte. Leute zum Lachen zu bringen, war mir ab dem Kindergarten offenbar gegeben – »André der Lustige« hatte man mich genannt. Das Vaterwerden aber ließ lange auf sich warten.

So stark der Wunsch auch war: Mein Lebenswandel ließ es lange Zeit nicht zu, die richtige Frau zu finden.

Heute unterhalte ich Menschen UND habe selbst vier Kinder. Aber eins nach dem anderen ...

»Ich glaube, es geht los!«

»Verarsch mich jetzt nicht in so einer Situation!«

»Nein, ehrlich, ich spüre es! Ich denke, die Fruchtblase ist geplatzt«, sagt Shari und hält sich unsicher lächelnd den Bauch.

Beim ersten Kind ist alles anders!

Beim zweiten tust du, als seist du Profi.

Beim dritten bist du es.

Beim vierten erklärst du dem Krankenhauspersonal, wie es läuft, und willst auf Teufel komm raus die Nabelschnur mit den Zähnen durchbeißen.

Aber das hier ist das erste Mal. Freude und Panik geben sich die Hand.

»Dann los!«

Endlich! Die Tasche steht streberhaft gepackt neben der Wohnungstür, und das Zimmer für unseren Jungen mit dem kurzen Namen (weil man mich bei der Geburt André Alfred Manfred getauft hat; jetzt ist es endlich raus) ist komplett fertig und wartet auf seinen coolen neuen Bewohner.

Taxi und ab ins »Klösterchen«. Cooler Name für ein Krankenhaus, was? Shari und ich haben keinen Geburtsvorbereitungskurs besucht, kein Buch gelesen und uns nicht beraten lassen. Wir hatten alle Tests gemacht, die es gibt, und waren in Erwartung eines gesunden Jungen. Allein die Fragen der anderen, durchweg tief besorgten Eltern beim

»Einführungsabend« im Klösterchen hatten uns in der Entscheidung bestärkt, keinen Kurs zu besuchen.

Verdammt, waren wir cool. Und ich lege noch einen drauf: Nachdem wir vorstellig geworden sind und die Hebamme meinte: »Gut, dass Sie da sind, es geht bestimmt gleich los, die Fruchtblase ist geplatzt und alles sieht gut aus«, sind wir erst mal rüber zum Italiener, haben in aller Ruhe zu Abend gegessen, ich habe mir drei Kölsch reingestellt und Shari und ich haben rumgealbert, was das Zeug hält.

Hätten wir gewusst, was uns erwartet, hätten wir gewusst, dass diese Unbeschwertheit erst viele Monate später wieder eintreten würde ... ich hoffe, wir hätten es genauso krachen lassen.

Und dann ... dauerte es. Geduld gehört nicht zu unseren Stärken. Wir haben gerne alles direkt. Und als wir zurück im Klösterchen waren, passierte ... nichts.

Wir quälten uns in ein Krankenbett und versuchten zu schlafen. Ich versuchte endlich die erste Staffel *Sopranos* zu schauen, konnte keine Ruhe finden und spazierte durch die Gänge. Köln bei Nacht, der Dom. Hoffnungslose Romantik und die letzten Stunden als Nichtvater. Wie sehr wollte ich das immer, und wie glücklich war ich in diesem Moment! Und das Glück sollte sich bald vertausendfachen. Bevor mir das Schicksal dann links und rechts eine verpassen sollte. Um mir danach zu zeigen, was wahres Glück ist.

Aber zuerst gibt es eine Lektion in Sachen Geduld. Nachdem wir uns die halbe Nacht um die Ohren geschlagen haben und NICHTS passiert ist, sagt Shari allen Ernstes zu mir, ich solle nach Hause gehen. NICHTS liegt mir ferner in diesem Moment. Aber ich lerne schnell und bin mir sicher, dass ich mich auf das Gefühl einer Mutter verlassen kann. Eigentlich habe ich Lust, nach Hause zu laufen. Aus der Südstadt ins Belgische Viertel. Halbe, Dreiviertelstunde. Doch die Sorge, Shari könne mit ihrer Einschätzung falschliegen, lässt mich doch ein Taxi nehmen. Ich gehe duschen, das Handy so aufgestellt, dass ich es nicht nur hören, sondern auch sehen kann. Ich lege mich aufs Bett. Kann nicht schlafen, obwohl Schlaf jetzt wahrscheinlich wichtig wäre. Zu unruhig. Shari will mich anrufen, wenn es losgeht. Was soll ich hier in unserem wunderschönen Zuhause, wenn meine wunderschöne Frau gerade im Krankenhaus liegt und kurz davor ist, einen Traum zu erfüllen, den wir uns am ersten Abend unseres Kennenlernens ausgemalt haben? Ich penne ein und wache gefühlt alle zehn Minuten wieder auf. Und dann ist es plötzlich neun Uhr. Verdammt, wie konnte das passieren? Ich rufe Shari an. Keine Antwort. Ich rufe auf der Station an, während ich mich panisch anziehe – bis mir eine nette Schwester erklärt, dass Shari schläft und noch nichts passiert ist. »Aber die Fruchtblase ist doch schon gestern um ...« Aufgelegt. Ich packe meinen Kram zusammen, gehe los und warte auf Sharis Anruf, der nicht kommt, bis ich die ganze Strecke zu Fuß gegangen bin. Also doch noch. Ich komme an und alles ist weiterhin ruhig. Alter ...

Wir warten. Shari ist jetzt seit fast 24 Stunden mit geplatzter Fruchtblase im Klösterchen. Ich sehe sie an und will irgendetwas über ihre Schönheit sagen, als endlich ein »Arrrrghhhh!« ihre Lippen verlässt und wir beide wissen: Jetzt geht's tatsächlich los! Wir werden in einen Raum geführt, wo man sie an den Wehenschreiber anschließt. Ich schwöre (und habe als Beweis ein Bild davon): Die Wehen haben die Skyline von Köln gemalt, mit Dom und allem Drum und Dran. Und Shari sagt: »Ich mach es ohne PDA!«, obwohl ihr Gesicht etwas anderes ausdrückt. Die Wehen werden stärker. Ich bin bei ihr, halte ihre Hand und ertrage jeden Schmerz, den sie mir zufügt, männlich und im Wissen, dass sie weitaus mehr durchmacht. Irgendwann fließt Blut aus ihrer Nase. Wir sind seit zweieinhalb Jahren ein Paar und Shari hatte in meiner Gegenwart noch NIE Nasenbluten. Sie ist ein hartes Mädchen. Profireiterin. Hunderte von Stürzen und Pferdetritten, die mit einem »Ach ... alles gut, war nur ein Hufeisen!« quittiert wurden. Die Heyichbinnurbeimgaloppindengrabengefallenunddaspferdhatmichnurmitderhufeanderschläfeerwischt-SHARI kann auf einmal nicht mehr. »ICH BRAUCHE EINE PDAAAAAAAArgh!«

Sie bekommt ihre PDA – und was dann irgendwann nach unbestimmter Zeit passiert, hätte ich gerne als Bewegtbild oder zumindest als Tonaufnahme. Ich habe noch niemals in meinem ganzen Leben ein so schönes Wesen in einem so schönen Moment, der auf seltsame Art SEXY war, dermaßen fluchen hören. Wie diese unglaublich schöne Frau mit ihrem Bäuchlein und ihren frisch gemachten Haaren und perfekt manikürten Nägeln und frisch gewachstem ALLEM da auf ihren Knien hockt, ihre Hände um ein Seil gekrallt, den Kopf zwischen den Armen, und flucht wie ein Bierkutscher. »Verd... Schei... das tut so weh! Arrrrgh! Warum wirkt denn diese verk... PDA nicht, oder ist das ver... noch mal immer so? F... Verf... Ich kann das nicht ver... nicht mehr ... Fuuuuuuu...«

»Sie haben einen gesunden Jungen. Ziehen Sie Ihr T-Shirt aus.« Gefühlstrunken, mit einer dümmlichen Tapsigkeit, tue ich alles, was man mir sagt, und lege das süße Ding auf meine Brust. Eigentlich ein unbeschreibliches Gefühl. Doch ich will es versuchen, für all die, die es noch nie erlebt haben oder es aus irgendwelchen Gründen nicht können oder wollen: Es ist wie Fallschirmspringen, wie der Moment, in dem du dich überwindest, von einem viel zu hohen Felsen in viel zu kaltes Wasser zu springen, um dann sofort zu merken: Es war die richtige Entscheidung. Es ist wie ... Ich geb's auf!

Irgendwann kommt der Arzt und schaut sich den Kleinen noch mal genau an. »Alles Spitze!« Ich trage mein Söhnchen zu meiner Frau und schaue mir die Unterlagen an, die dagelassen wurden. »Wie soll denn da was rauskommen?«, fragt Shari.
»Wie bitte?«, frage ich halb abwesend zurück.
»Aus dem Pupsloch.«
»Äh ... was?!?«
Ich schaue mir seinen Po genauer an. Ich habe meinen Neffen schon öfter die Windeln gewechselt und schon einige Babypos gesehen. Dieser sieht aus wie jeder andere – bis auf das Poloch. Es gibt einen Schließmuskel, der aber offenbar nicht gut durchblutet ist und wahrscheinlich deshalb eine weißliche Färbung hat. Und tatsächlich sieht es auf den ersten Blick aus, als könne da nichts rauskommen, als sei der Ausgang verschlossen.

»Wahrscheinlich sehen die so aus bei Kindern, die noch keine zwei Stunden alt sind.« Pause ...»Als wenn ausgerechnet unser Sohn nicht furzen könnte!!!« Wir lachen, aber Shari wird schnell wieder ernst.»Ich finde es trotzdem seltsam!« Ich bin auch später noch oft in diese Falle getappt und daher, Männer, hört gut zu: Falls ihr eine coole Frau habt, die nie hysterisch wird und die nicht wegen jeder kleinsten Schnupfennase umfällt, dann gilt:

Traut IMMER ihrem Gefühl! Traut dieser Mutter!

»Okay, die Ärzte haben ihn zwar bereits untersucht und uns gesagt, dass er kerngesund ist, aber ... ich frage noch mal nach, wenn du darauf bestehst.« Wahrscheinlich klinge ich ein bisschen arrogant. Die Ärzte kommen und untersuchen den Kleinen ein drittes Mal. Sie versuchen mit Wattestäbchen in den Anus einzudringen. Klappt nicht.»Das ist seltsam.«

Das – ist – seltsam: Es sind diese drei Wörter, die du auf keinen Fall über dein Neugeborenes hören willst!

»Was ist seltsam?« Die Ärzte sprechen untereinander, Shari und ich sehen uns ratlos an, doch ich kann auf dem Gesicht meiner Frau sehen, dass sich ihre Zweifel in diesem Moment in echte Sorge verwandeln.»Was ist seltsam?«, fragte ich erneut. Einer der Ärzte will mir antworten, nimmt Anlauf, etwas zu sagen, stockt und dreht sich wieder weg. Auch ich nehme erneut Anlauf.»Sie meinen, Sie haben so etwas noch nie gesehen?«

Sharis Augen beginnen sich mit Tränen zu füllen, während ich immer noch im festen Glauben bin, dass es sich hier um ein harmloses Missverständnis und ärztliche Inkompetenz handelt.

Dann wird es hektisch. Ärzte und Krankenschwestern geben sich die Klinke in die Hand. Wenn gerade niemand den Po unseres Sohnes anstarrt, auf den wir neun Monate lang sehnsüchtig gewartet haben, halten wir den Kleinen fest, und wenn er untersucht wird, halten wir uns gegenseitig fest. Plötzlich beginnt Shari stark zu bluten. Eigentlich nichts Ungewöhnliches, aber es will nicht aufhören. Dann werden meine Frau und mein Kind untersucht, und ich renne von einem zum anderen und versuche, für beide da zu sein. Als ich

Sharis Hand halte und man uns eröffnet, dass sie notoperiert werden muss, steht auf einmal eine Krankenschwester mit zwei Sanitätern vor uns. »Die beiden Herren müssen Ihren Sohn jetzt in die Kinderklinik bringen«, sagt sie.

»WAS?!?«

Eben stand ich noch im Chaos, wie in einer Boulevardkomödie, in der sich die Ereignisse kurz vor dem Ende überschlagen, bevor sich endlich alles auflöst und alle glücklich auseinandergehen – und jetzt läuft plötzlich alles wie in Zeitlupe ab.

Meine Frau muss ausgeschabt werden, notoperiert, sie verliert viel Blut und wird immer schwächer – und mein zweieinhalb Stunden alter Sohn wird mit einem seltenen Geburtsfehler ans andere Ende der Stadt gebracht, um ebenfalls notoperiert zu werden. Was zur Hölle ...

Bondingmuttermilchzweiteilenentscheidungsdilemma. Schwirrt es durch meinen Kopf.

Shari weint und sagt immer wieder schwach: »Mein Baby ...«

»Bleiben Sie bei Ihrer Frau«, rät mir die Hebamme, die eben in aller Seelenruhe geholfen hat, mein Kind zur Welt zu bringen, während um sie herum das Chaos herrschte. »Aber ich kann doch den Kleinen nicht alleine lassen!«

»Ihre Frau braucht Sie noch mehr, und Sie können ja nach ihrer OP zu ihm fahren.«

Ich vertraute ihr und weiß heute, dass es die richtige Entscheidung war.

Ich bleibe also bei Shari. Die OP verläuft gut, aber sie hat extrem viel Blut verloren. Man bringt sie in ein Zimmer und bereitet mir dort ebenfalls ein Bett. »Nein, ich muss doch zu meinem Sohn ...«

»Bitte, bleiben Sie bei Ihrer Frau und achten Sie darauf, dass sie nicht aufsteht. Und Sie müssen sich auch ausruhen. Sie hatten kaum Schlaf und müssen fit sein für das, was Sie erwartet.«

Ich füge mich und verlasse mich auf die Ratschläge, die mir gegeben werden. Als ich nach vier Stunden aufwache, weiß ich nicht, wo ich bin. Ich drehe mich um und sehe ...

Shari, die gerade aufsteht. »Bleib liegen! Die haben gesagt, du sollst liegen blieben!« Doch zu spät. Shari taumelt und fällt gegen die Wand. Ich springe aus dem Bett und kann gerade noch verhindern, dass ihr Kopf auf den Boden knallt. Sie weint hemmungslos. »Ich will zu meinem Baby!«

Ich sitze im Taxi auf dem Weg zur Kinderklinik und kann nicht fassen, wie schnell sich das Leben ändern kann. Das Leben ändert sich sowieso, wenn du Kinder bekommst. Aber das hier ... Ich hatte den Kleinen doch nur zwei Stunden – und nun ist er schon acht Stunden alt und liegt ganz alleine in einer Klinik. Weil ich zu schwach war, ihn zu beschützen. Oder? So war es doch! Ich hatte keine Kraft mehr, zu ihm zu fahren, nachdem Shari zur Ruhe gekommen war. Wenig Schlaf hin oder her. Hätte ich damals gewusst, was ich heute weiß, hätte ich mir gesagt: »Alles gut, Junge! Teil dir deine Kräfte gut ein. Du wirst sie brauchen.«

Von Selbstvorwürfen zerfressen, aber wenigstens im Wissen, dass Shari in guten Händen ist, betrete ich die Kinderklinik und frage mich zu meinem Sohn durch. Er liegt in einem Bettchen. Kabel und Deckchen und Pflaster in Herzform, Clowns an der Wand und ein riesiges Fenster zum Gang, welches mir eine der abstrusesten und menschlich abstoßendsten Situationen bescheren sollte, die ich je erlebt habe.

Ich stehe an seinem Bettchen. Bisher habe ich noch keine Träne vergossen. Aber das Gefühl, ihn alleingelassen zu haben, macht mich wahnsinnig. Ich darf ihn nicht rausnehmen. Und da liegt er. Mein Sohn. Seine Zukunft ist ungewiss. Und er ist so unfassbar süß und schön – und so hilflos, so allein. Ich weine so sehr, dass ich kaum noch Luft bekomme. Ich weine in die Stille hinein. Dann klopft es. Ich drehe mich zur Scheibe und auf dem Gang steht ein aufgeregter Asi, der seine Freundin herbeiwinkt, um ihr etwas zu zeigen. Nämlich MICH! Ich kann es nicht fassen. Er hat mich erkannt und ist ganz aufgeregt. Dass es mir gerade schlecht geht und ich tränenüberströmt am Bettchen meines Kindes stehe, scheint ihn nicht die Bohne

zu interessieren. Jetzt zeigt er mit dem Finger auf mich, und seine Freundin erkennt mich auch. Ich raste nicht aus. Ich gehe ruhig zur Tür und sage einen Satz, den ich in den nächsten vier Monaten noch mindestens 20 Mal werde sagen müssen:
»Ich weiß nicht, was ihr hier macht, aber ich bin nicht zum Spaß hier!«

»VERDAMMTE KACKSCHEISSE, TUT DAS WEH!«
APRIL 2012

SHARI   Ich wache auf und habe keine Ahnung, wo ich bin und was mit mir passiert ist. Ich drehe mich kurz um und erkenne im Krankenhausbett neben mir meinen Mann. Selbstverständlich stehe ich auf und gebe dem Toilettendrang nach. Ist ja kein weiter Weg. Das kleine Krankenhauszimmer hat ein eigenes Bad. Dort angekommen schmerzt jeder Muskel und ich fühle mich, als hätte ich den Kater meines Lebens. Das Wasserlassen ist unerträglich, die Schmerzen nicht zuzuordnen und der Weg zurück zum Bett scheint endlos. Das Letzte, woran ich mich erinnere, ist André, der mich vorwurfsvoll fragt, warum ich überhaupt aufgestanden bin.

Es ist der Morgen nach der Geburt unseres ersten Kindes. Aber anstatt glückselig mit meinem Mann und unserem Sohn in einem Familienzimmer zu kuscheln, liege ich nach einem Kreislaufkollaps auf dem Boden eines Krankenzimmers im Severinsklösterchen in Köln. André kniet mittlerweile neben mir. Meine Nase blutet, weil ich gegen die Wand gefallen bin. Ich habe eine Ausschabung hinter mir und bin durch die Narkose noch völlig verwirrt und schwach. »Sie haben doch gesagt, dass du nicht aufstehen darfst!« Ich habe keine Ahnung, wovon André redet. Nur langsam dämmert mir wieder, was in der letzten Nacht passiert ist. Eine (vor allem für André) aufregende, aber letztlich entspannte Geburt. Drei Presswehen, ein lautes »Verdammte Kackscheiße, tut das weh!« und schon erklang der erste Schrei unseres ersten Kindes. Wir sind eine Familie. Wir haben einen Sohn, einen unfassbar süßen, kleinen Kerl, den ich im Arm halten durfte. Instinktiv habe ich seine Finger und Zehen gezählt, seine Haare bewundert und schließlich festgestellt, dass der Popo anders aussieht, als ich es kenne. »Das sieht bei Neugeborenen wahrscheinlich so aus.«, hat André gesagt. Und noch mal zu bedenken gegeben, dass es unmöglich sei, dass ausgerechnet unser Sohn nicht pupsen könne. Doch tatsächlich ist genau das der Fall: eine Analatresie. Sein Popoloch sieht aus wie ein Bauchnabel. Verschlossen. »Kann man den öffnen? Kann ein Kinderarzt kommen?« So oder so ähnlich müssen meine Fragen an die behandelnde Gynäkologin gelautet haben. Ihre Antworten auf diese Fragen kenne ich nicht mehr. Wahrscheinlich hatte sie auch keine. »Es kommt ein Notarzt und der bringt Ihr Kind in die Kinderklinik.« Das hat sie gesagt, daran kann ich mich noch genau erinnern. Diese Worte haben mich innerlich zerrissen. Ein Gefühl der absoluten Verzweiflung und Hilflosigkeit. So habe ich mir unseren Start als Familie nicht vorgestellt. Zwei Stunden später wurde der Kleine alleine in eine Kinderklinik gebracht. Und ich notfallmäßig operiert. Die Plazenta hatte sich nicht richtig gelöst, ich hatte extrem viel Blut verloren. Jetzt liege ich auf dem Krankenhausboden und möchte einfach nur eins: zu meinem Baby in die Kinderklinik fahren.

Einige Stunden später bin ich schließlich unterwegs zu unserem Sohn. Mit meiner besten Freundin. Ich habe André schon vorgeschickt, weil ich noch auf meine Abschlussuntersuchung warten musste. Wir konnten den Gedanken nicht länger ertragen, dass unser Kleiner seinen Start auf der Welt ganz alleine erleben muss. Unsere vertrauten Stimmen, mein Herzschlag, unsere Körperwärme. All das, wovon einem Hebammen oder Geburtsvorbereitungskurse erzählen. Auf dem Weg in die Kinderklinik versuche ich noch mal, alles durchzuspielen. Was ist eigentlich passiert? Und was wird passieren? Ich fühle mich stark, durchflutet von Glückshormonen. Und gleichzeitig unglaublich schwach, ohne eine Idee, wie es jetzt weitergehen könnte. Das erste Mal in meinem Leben scheint etwas wirklich aus dem Ruder zu laufen.

Dieses Gefühl, dass ich keinen Einfluss nehmen kann, obwohl das, was geschieht, mich ganz persönlich angeht, ist mir nicht total neu. Schon mal beim Pfuschen erwischt worden. Oder mit Telefon beim Autofahren. Und meine Eltern haben sich getrennt. Okay. Aber irgendwie ist doch alles normal verlaufen. Schule und Ausbildung. Mein Traummann, eine wunderschöne Hochzeit und die Schwangerschaft. So wie ich mir das schon als Kind erträumt habe. Und jetzt? Der bekannte Albtraum, aus dem man erwachen möchte.

Im Krankenhaus angekommen überwiegen die Glücksgefühle. André hält den Kleinen auf dem Arm. Ich bleibe vor dem Zimmer stehen und schaue durch die Glastür. Meine eigene kleine Familie. Es versammelt sich eine Gruppe von Menschen um mich, und nur kurz nehme ich ein »Das ist ja der Ingo!« wahr. Ich ignoriere das Gerede. Eine skurrile Situation, deren Absurdität mir erst im Nachgang bewusst wird. Ich hatte immer einen genauen Plan vom Leben. Das hier gehörte definitiv nicht dazu. Mir wird deutlich, dass es gerade dramatisch anders kommt als geplant. Ist das Schicksal? Gibt es ein Schicksal?

Aber mit einem Kind verändert sich ja ohnehin alles im Leben. Ungewöhnliches wird gewöhnlich, Besonderes wird normal. Es folgen insgesamt vier ziemlich unnormale Monate zwischen Krankenhaus und Zuhause. Eine wirkliche herausfordernde Zeit, auf die wir nicht vorbereitet waren. Es gibt schwache Momente, in denen ich vor lauter Blutmangel selbst wieder ins Krankenhaus eingeliefert werde. Und starke Momente, in denen ich versuche, meinen grippekranken Mann und mein krankes Kind gleichzeitig zu pflegen. Dankbare Momente, wenn Freunde ihre eigene kleine Familie für kurze Zeit auf Platz zwei verbannen, um uns unter die Arme zu greifen. Besondere Momente, in denen Kollegen und Familie unser komplettes Leben organisieren.

Neben den vielen Operationen hat uns die Versorgung des künstlichen Darmausgangs und die Sorge um seine Kontinenz besonders beschäftigt. Oder krass gesagt: ob er mit zehn noch eine Pampers tragen muss. An dieser harten Zeit sind wir unglaublich gewachsen. Wir haben gelernt, optimistisch und realistisch mit Problemen umzugehen und als Team zu funktionieren. Es war der erste Schritt auf unserem Weg als Familie. Er hat uns Demut gelehrt und uns vorbereitet. Vorbereitet auf die Aufgaben als Eltern und als Paar. Es war der Start unseres besonders normalen Lebens als Familie.

Heute ist unser Sohn ganz gesund. Ich möchte nicht sagen, dass wir diese Erfahrung gebraucht haben. Aber ich bin mir sicher, dass wir durch diese erste gemeinsame Achterbahnfahrt viel gelernt haben. Dazu gehört natürlich auch die Erfahrung, dass es immer Menschen gibt, denen es schlechter geht als uns. Dass Leid und Glück ganz dicht beieinanderliegen. Dass die sogenannten Schicksalsschläge Alltag sind und zum Leben dazugehören. Dass jeder Mensch, jede Familie ihren Rucksack zu tragen hat.

UNSERE KRISEN UND DER STAFFELSTAB

APRIL 2012

SHARI »*Gestern war ein Mittwoch, vorgestern war DIETZTAG. Wir sind sehr glücklich, unseren gesunden Sohn im Arm halten zu dürfen, auch wenn ihm ein klitzekleines Detail noch fehlt.*«

Wir sitzen im Krankenhaus, und André formuliert eine Nachricht an unsere Freunde. »Wir müssen dafür sorgen, dass sich niemand zu große Sorgen macht«, sagt er. Positiv bleiben.

»Mit dieser Fehlbildung gehen oft andere Fehlbildungen einher. Aber nach diversen Untersuchungen können wir schon mal sagen: Ihrem Kleinen fehlt nur sein Popoloch.« Das hat der Chefarzt zu uns gesagt. Positiv bleiben ist für mich trotzdem gerade unmöglich. André schafft es. Für ihn ist das Ganze ein sicherlich erhebliches, aber lösbares Problem. Und über das weiß bisher nur unser engster Familienkreis Bescheid.

Jetzt also eine Nachricht an alle. André nutzt dafür die Wartezeit im Krankenhaus. Unser kleiner Sohn – gerade einen Tag alt – wurde nämlich gerade eben in den OP geschoben, damit ihm ein künstlicher Darmausgang gelegt werden kann. In ein paar Wochen wird dann der Darm mit dem Analausgang verbunden, wieder ein paar Wochen später wird der künstliche Darmausgang stillgelegt und das Ganze zurück in den Bauchraum verlagert. Positiv zu bleiben fällt insbesondere mir extrem schwer. Immer wieder kreisen meine Gedanken um seine Gesundheit, seine Kontinenz, seine Zukunft. André ist stark. Er findet die passenden Worte, eine Mischung aus Optimismus, Zuversicht und einer gesunden Portion Humor.

»*Und ja, auch wir können nicht glauben, dass ausgerechnet unser Sohn nicht furzen kann. Um das schnellstmöglich zu ändern, wird er in den nächsten Wochen ein paar Mal operiert. Wir fühlen uns hier in der Kinderklinik bestens aufgehoben und versorgt. Wir sind voller Zuversicht, dass alles problemlos verlaufen wird. Und dann wird unser Kleiner das schönste und teuerste Popoloch ganz Kölns haben.*«

Unser erstes Kind. André ist unglaublich stolz, so glücklich und wahnsinnig optimistisch. Das hilft mir sehr. Und sorgt dafür, dass ich in Ruhe gesund werden, wieder auftanken kann und wir gemeinsam diese erste schwere Zeit im Krankenhaus überstehen können.

Außerdem schafft er es mit seiner Nachricht an unsere Familie, alle Freunde und Kollegen, dass sich auch alle anderen nicht zu große Sorgen um den Kleinen oder um uns machen.

»*Unser Kleiner ist ein Kämpfer, und in ein paar Monaten soll alles nur ein großer Schreck gewesen sein. Er ist so süß und wir freuen uns, wenn wir ihn euch persönlich vorstellen dürfen. Wir halten euch auf dem Laufenden.*

PS: Auf alle Gags und Sprüche zu diesem Thema hat der Papa bereits Copyright.«

ANTWORTEN UNSERER FREUNDE AUF DIE NACHRICHT AUS DEM KRANKENHAUS:

»Hallo ihr Lieben! Erst mal herzlichen Glückwunsch! Nach der ersten Mail war ich natürlich besorgt und geschockt und habe – wie wahrscheinlich alle – wild gegoogelt, um rauszufinden, was denn das so wirklich bedeutet. Dabei habe ich aber schnell bemerkt, dass das nicht wirklich viel bringt, außer, dass man sich noch mehr Sorgen macht ...«

»(...) das Copyright habe ich lachend gespeichert. Es freut mich so sehr, zu lesen, dass ihr euren Humor nicht verloren habt.«

»(...) Ich sitze hier und frage mich, was ich tun könnte. Da für dich an Arbeit nicht zu denken ist, habe ich der Produktion gestern angeboten, meinen Urlaub zu canceln – falls es etwas hilft, wenn ich irgendetwas vordrehe oder sie mir eine Geschichte schreiben könnten, um dich so lange wie möglich rauszuhalten.«

»(...) hier in Wien ist die Freude groß und hat unverkennbare Züge der Begeisterung. Mutter und Kind auf dem Foto sehen mächtig prächtig aus. Nun sicherlich, wir mussten heute das ein oder andere Mal an die ›Standard-OP‹ denken, aber wir gehen jetzt einmal vom Besten aus und hoffen, der Kleine hat einfach von seinem Vater ein Gespür für Dramaturgie geerbt, weshalb er einen gewöhnlichen Auftritt als zu langweilig erachtete.«

»(...) das hört sich auf jeden Fall alles gut an. Und mit dieser positiven Haltung und dem Humor werdet ihr schon bald den ganz normalen Babyalltagswahnsinn genießen.«

Drei Wochen später. Nach einem langen Tag im Krankenhaus komme ich mit André erschöpft nach Hause. Einen Großteil des Tages habe ich damit verbracht, unseren Sohn endlich an meine Brust heranzuführen. Mit Stillberatung, ohne Stillberatung. Von der Seite im Wiegegriff, von hinten im Footballgriff oder eben im Liegen. Mit Stillhütchen und ohne. Es wäre so schön, wenn er endlich eigenständig trinken würde. Die Magensonde könnte raus und wir hätten die Möglichkeit, bis zur nächsten Operation eine erste Zeit gemeinsam in unserem Zuhause zu verbringen. Zeit zum Auftanken. Das könnten wir so sehr gebrauchen.

Kurz vor dem Schlafengehen lasse ich den Tag erneut Revue passieren. Die Frustration über das nicht funktionierende Stillen sitzt mir tief in den Knochen. Wir sind im Bad. »Lass uns morgen noch mal probieren, ob er vielleicht die Flasche nimmt.« Mit der Zahnbürste im Mund wende ich mich an André, in der Hoffnung, dass er versteht, was ich sage. André nickt mir von der Toilette aus zu. Er hat es verstanden. »Vielleicht ist meine Brust nicht für das Stillen gemacht. Vielleicht ist er aber auch einfach zu schwach, um daraus zu saugen. Vielleicht …«, ich nuschele weiter. André steht von der Toilette auf und schüttelt nur noch den Kopf. »Lass uns morgen überlegen. Ich bin zu kaputt und muss ins Bett.« Er geht an mir vorbei durch die Badezimmertür und macht sich auf den Weg zum Bett. Ich stelle meine Zahnbürste auf den Waschbeckenrand, trockne meinen Mund ab und folge ihm schnell.

Auf dem Weg wirft André einen Blick ins Kinderzimmer. Ein fertig eingerichteter Raum für unser Baby. Seit mehr als drei Wochen ist unser Sohn auf der Welt, und noch kein einziges Mal hat er zu Hause geschlafen. Bei uns. Wie viele Tränen habe ich in diesem Zimmer in den letzten Wochen vergossen.

Ich stelle mich neben André, der im Türrahmen lehnt. Wir schweigen. Plötzlich höre ich André schluchzen. Seit der Geburt hat er mir noch kein einziges Mal das Gefühl vermittelt, dass es ihm zu viel wird. Dass er nicht mehr weiterweiß oder er keine Ahnung hat, wie unser Weg weitergehen soll. Jetzt ist dieser Moment gekommen. Er ist kraftlos. André weint. Ich nehme ihn in den Arm und schalte das Licht im Kinderzimmer aus. Gemeinsam gehen wir in unser Bett.

In der Nacht bekommt André hohes Fieber, Glieder- und Halsschmerzen. So schlimm, dass nicht daran zu denken ist, dass er in den nächsten Tagen mit ins Krankenhaus zu unserem Sohn kann. Und auch wenn mir klar ist, dass diese Krankheit meine oder unsere Situation nicht gerade erleichtert, fühle ich mich auf einmal so stark wie seit Langem nicht mehr. Ich bin bereit, das Staffelholz zu übernehmen. So lange, bis André wieder stark genug ist.

MARI

LIEBER NICHT NOCH EIN KIND?
2013

SHARI Mit 14 bin ich bei einem Ausritt vom Pferd gefallen. Es war ein Tag im September. Der Herbst stand in den Startlöchern: die Tage kürzer, die Temperaturen kühler und die Maisfelder alle frisch gemäht.

Die offizielle Version ist bis heute, dass mir und meiner Freundin im Wald eine Rotte Wildschweine entgegengekommen sei. Die Pferde hätten sich erschrocken, meins habe mich abgeworfen. Der Sturz war also offensichtliches Fremdverschulden. Die Wildschweine waren schuld. Diese Schweine!

Die Wahrheit ist: Wir sind ohne Sattel und nur mit Halfter über ein Stoppelfeld galoppiert. Die Pferde haben vor Freude gebuckelt und wir hatten wahnsinnigen Spaß. Dabei bin ich vor lauter Lachen und Buckeln in Zeitlupe vom Pferd gerutscht. Das Pferd ist abgehauen und ich habe auf dem Maisfeld im Dreck gelegen. Mein Schlüsselbein war durch, aber verdammt, es war so lustig!

Vielleicht auch leichtsinnig. Oder naiv. Bin ich beides schon immer gerne gewesen. Beim Reiten, in der Schule und Uni oder eben beim Kinderkriegen. Woran das liegt, kann ich nicht genau sagen. Vielleicht daran, dass auch meine Eltern früh Kinder bekommen haben und eher mutig als vorsichtig waren. Und vielleicht, weil ich doch immer die Erfahrung gemacht habe, dass alles gut wird. Dass ich auch mal etwas riskieren muss, damit sich am Ende alles richtig fügt.

Ich habe mein erstes Kind mit 25 bekommen. In der Schwangerschaft habe ich die nötigen Vorsorgeuntersuchungen alle machen lassen, habe mir aber – ohne Zügel und Sattel – keinerlei Gedanken über das »Was wäre, wenn?« oder mögliche Komplikationen gemacht. Ich hatte eine tolle Schwangerschaft, eine super Geburt – und bin dann langsam vom Pferd gerutscht und im Dreck gelandet. Glücklich, aber nicht so, wie ich es mir vorgestellt hatte. Vielleicht war ich zu arglos? Jedenfalls habe ich mir nach der ersten Geburt die Frage gestellt, ob ich noch leichtsinnig und naiv sein darf, wenn ich dadurch nicht mehr nur mich selbst, sondern auch andere – mein Kind – in Gefahr bringe. Zwar war mir theoretisch klar, dass es bei einer Schwangerschaft auch mal Komplikationen geben kann – aber für mich habe ich das komplett ausgeschlossen. Umso überraschter war ich, als unser Kind dann ohne Analausgang zur Welt kam und direkt in die Kinderklinik musste.

»Die Zellteilung hat bei Ihrem Kind an einem Punkt einfach ausgesetzt. Wir können nicht erklären, warum Ihr Kind ohne Analausgang auf die Welt gekommen ist.« Dieser Satz wird uns wohl immer im Kopf bleiben. Auch, weil wir ihn immer wieder erklärend selbst so verwenden. Die Frage nach dem Warum ist nämlich auch heute noch allgegenwärtig. War es das Sushi oder der Rohmilchkäse, von denen ich genascht habe? Oder die Folsäuretabletten, die ich gerne mal vergessen habe? Ich weiß, dass diese absurden Überlegungen nichts mit der Realität zu tun haben. Auf die Frage nach dem Warum werden wir keine Antwort bekommen. Und genauso wenig auf die, mit welcher Wahrscheinlichkeit diese Fehlbildung bei einer erneuten Schwangerschaft nochmals auftreten wird.

Trotzdem bleibt für uns klar: Wir möchten noch mehr Kinder haben. Auch weil wir erlebt haben, dass man – bei allen Strapazen – eine Analatresie operieren kann und dass unser Sohn ein ganz normales, gesundes Leben führen wird. Weil wir wissen, dass es nicht selbstverständlich ist, ein ganz gesundes Kind zu bekommen. Und man kann nun mal nicht auf alles vorbereitet sein. Denn seien wir doch mal ehrlich: Nur weil wir gut aufpassen, weil wir versuchen, alles richtig zu machen, weil wir sämtliche Untersuchungen machen lassen, wird nicht automatisch auch alles unproblematisch verlaufen.

Mein Schlüsselbein ist nach sechs Wochen verheilt. Noch während des Heilungsprozesses habe ich mich wieder auf mein Pferd gesetzt. Aber nur noch mit Sattel, Trense und einer Kappe auf dem Kopf. Die Leidenschaft ist und war einfach immer sehr groß. Die Naivität habe ich mir auch bewahrt. Aber der Leichtsinn hat etwas nachgelassen. Werde ich etwa alt?

EINE GANZ NORMALE GEBURT

DEZEMBER 2013

ANDRÉ »Vielleicht kommt sie an Silvester!«

»Das wäre Mist, dann müsste sie entweder immer eine Silvesterparty aus ihrem Geburtstag machen oder ihren Geburtstag nachfeiern. Außerdem wären nie alle Freunde da …«

Shari kann Situationen unheimlich schnell erfassen. So schnell, dass sie manchmal gar nicht merkt, was für ein Killer diese Rationalität sein kann. Aber auch dafür liebe ich sie.

Sie streicht sich über ihren prallen Bauch.

»Egal, wann sie kommt, Hauptsache, sie hat ein Poloch!«

Wow! Rational und emotional!! Hut ab!!! Ich küsse sie.

»Falls sie kein Poloch hat, wissen wir ja jetzt, wie es funktioniert.«

Den künstlichen Darmausgang unseres Sohnes mussten wir über vier Monate lang pflegen. Tütchen drankleben und immer wieder reinigen. Bis die Behandlung endlich zu Ende war und er eine Windel tragen konnte. Wir wurden Profis, die besten auf dem Gebiet. Am Ende gaben wir dem Pflegedienst, der uns helfen sollte (und das auch getan hat!), sogar noch Tipps.

Silvester, Poloch … Alle Gedanken, die wir uns machten, sollten unbegründet sein.

Der 30. Dezember. Es ist Nacht. Leere Flure, ein unterbesetztes Krankenhaus. Bald geht es los. Mari ist im Anmarsch. Shari sitzt in der Badewanne. Sie will ein wenig entspannen und danach – eine

Lehre aus der ersten Geburt – BITTE eine PDA. Shari entspannt sich allerdings nicht wirklich, sondern zerkratzt mir stattdessen wieder den Arm. »Mach das Wasser raus, das Wasser raus, ich halte das nicht mehr aus! Es kommt, das Baby kommt!«

Oh, da schwimmt schon was … Sah das bei der ersten Geburt auch so aus? Ist das geronnenes Blut? Oder ist das …? Egal.

Das Wasser fließt nur langsam aus der Wanne. »Der Kot muss aus dem Wasser! Wir brauchen einen Kescher!«, brüllt die Hebamme, die sich gerade um Sharis Atmung und ihren Puls kümmert. Leider ist gerade nur eine Ärztin anwesend, da eine der Schwestern aus dem Zimmer gerannt ist, um eine Liege zu holen. Die Ärztin hat offensichtlich keine Ahnung, wo ein Kescher sein könnte, und räumt den halben Schrank aus. »Ich kann ihn nicht finden!«

»Sehen Sie im Nachbarzimmer nach!« Sie will mit hoher Geschwindigkeit das Zimmer verlassen und rennt dabei mit voller Wucht gegen die (warum auch immer) quer vor der Tür geparkte Liege. Ich sehe einfach nur gebannt zu. Sie versucht die Liege wegzuschieben, aber Fehlanzeige: Die Bremsen sind festgestellt. »Wir brauchen einen Kescher!«, ruft sie über das unüberwindbare Hindernis hinweg in den leeren Gang. »Im Schrank neben dem Tisch!«, hört man aus der Ferne eine Stimme. Die Zähne zusammenbeißend geht die Ärztin zum richtigen Schrank, öffnet ihn, greift rein, nimmt einen Kescher heraus, dreht sich zu uns um – und erkennt, dass die Hebamme und ich bereits alles entfernt haben und erneut frisches Wasser in die Wanne laufen lassen. Denn: Maris Köpfchen ist schon zu sehen, und damit Mutter und Kind es warm haben und Mari eine sanfte Landung hat, gibt es nur noch die Möglichkeit, sie im Wasser zu entbinden.

Nach nur etwa zehn Minuten halte ich meine erste Tochter im Arm, und nachdem ich sie ausgiebig begrüßt habe (und JA, mir kamen bei jeder Geburt die Freudentränen), schaue ich mir ihren Po an. Strike! Sie hat ein Popoloch! Mit süßlicher Stimme gebe ich dies auch allen Umstehenden und vor allem meiner Frau mittels der unter jungen Eltern weit verbreiteten IchsageetwaszumeinemKindmeineaberalleUmstehenden-Rede bekannt: »Ja und ein Popoloch hat mein süßes kleines Pupili auch …«

Aus heutiger Sicht ist es Wahnsinn, dass es von nun an 22 Monate dauern sollte, bis wir feststellen, dass ihr stattdessen auf Chromosom 15 ein unfassbar kleines Teilchen abhandengekommen ist.

»KANN EURE MAUS AUCH NOCH NICHT KRABBELN?«

OKTOBER 2014

SHARI Mari ist fast zehn Monate alt. Ihr großer Bruder ist seit zwei Monaten im Kindergarten. Er hat sich wunderbar eingewöhnt. Heute ist das erste Treffen mit allen Eltern im Kindergarten. Wir basteln gemeinsam Laternen für den Martinszug, dazu gibt's Kekse und Kaffee.

Viele Eltern sehe ich zum ersten Mal. Bisher habe ich die Zeit im Kindergarten überwiegend damit verbracht, mein Kind einzugewöhnen. Und bis man in so einem Kindergarten richtig angekommen ist, braucht es eben auch etwas Zeit. Unser Sohn hingegen ist schon voll da. Er bewegt sich frei und nimmt meine Anwesenheit nur am Rande wahr. Auch seine Laterne scheint ihn nur marginal zu interessieren. Er verbringt jede Minute mit seinem Freund, den er schon in der ersten Kindergartenwoche in sein Herz geschlossen hat.

Während der Große also durch die Kita fegt, klebe ich einen Bauarbeiter zusammen. Ich schneide und klebe Kopf und Hände, die später an einer zylinderförmigen Laterne kleben. Eine blaue Latzhose, Schraubenschlüssel und Hammer machen das Ganze zum echten Baumeister. Eine Erzieherin geht mir zur Hand, weil ich mich immer wieder nach Mari umsehen muss, die über den Boden robbt und von den rennenden Kindern gerne mal übersehen wird. Mein Glück. Basteln war noch nie meine Stärke.

»Und du bist also Leanders Mutter?« Ich spreche eine schlanke, blonde Frau an. Wir sind uns schon des Öfteren beim Bringen oder

Holen der Kinder begegnet, ein richtiges Gespräch ist bisher aber nie entstanden. Meistens sind wir damit beschäftigt, fehlende Schuhe zu suchen oder die Notwendigkeit einer Jacke zu diskutieren. Unsere Töchter robben gemeinsam über den Boden, und wir hocken uns beschützend neben sie. »Ja, genau. Und scheinbar sind auch unsere Töchter gleich alt.« – »Und gleich langsam.« Wir lachen. Das Eis ist gebrochen, wir sind uns sofort sympathisch und stellen fest, dass wir zweimal fast zeitgleich entbunden haben und außerdem gar nicht weit voneinander entfernt wohnen. Was allerdings kein großer Zufall ist in einem Dorf, im dem zwangsläufig jedes Kindergartenkind maximal 500 Meter Luftlinie vom anderen entfernt wohnt. Ich liebe diese Art zu wohnen. Egal ob im Supermarkt, auf dem Spielplatz oder im Schwimmbad: Man trifft immer Bekannte oder Freunde, und die Kinder sind sich vertraut. Die fehlende Anonymität muss man mit Sicherheit mögen und sie ist bestimmt nicht jedermanns Sache. Aber dank André ist Anonymität in unserer Welt sowieso nicht existent. Und ich werde gerne überall mit Namen begrüßt und kenne die Leute, bei denen ich einkaufe. Und ich mag die Überschaubarkeit: eine Bäckerei, eine Apotheke, ein Supermarkt.

Ich mache ein Foto von den beiden Mädchen. Mari und ihr neuer »Partner in Crime«. Sie haben das Potenzial, richtig gute Freundinnen zu werden. Das kleine Pendant zu den Brüdern. Während die Jungs Fußball in dem einen Garten spielen, spielen die Mädels mit Barbies in dem anderen. Zwischendurch wird der Garten gewechselt, als Bande jagen die vier durch den Wald und werden sich an irgendeinem Punkt auch bestimmt mal ordentlich streiten. Wie sehr mir all diese Vorstellungen gefallen!

Susi und ich tauschen uns über die Mädchen aus. Und unsere Telefonnummern. Wie das im Dorf eben so ist, gehen wir auch zur selben Physiotherapeutin. »Jedes Kind braucht eben seine Zeit.« Ein abgedroschener Satz, aber in unserem Gespräch fällt er immer wieder. Und die besten Beispiele dafür sind unsere Kinder. Mit fast einem Jahr können sie weder krabbeln noch sitzen. Und sie zusammen zu sehen ist Balsam für meine Seele.

Zwischendurch stelle ich mir nämlich schon immer wieder mal die Frage, ob wirklich alles normal ist bei Mari. Denn obwohl ich mir nicht vorstellen kann, dass Mari eine schlimme Krankheit hat, lassen mich besonders gleichalte Kinder oft daran zweifeln, dass sie sich normal entwickelt. »In zwei Jahren rennen auch die beiden hier durch die Gänge und wir lachen darüber, dass wir uns jemals Gedanken gemacht haben.« Susi macht mir unglaublich viel Mut.

Ein paar Wochen später treffe ich sie beim Einkaufen im Supermarkt. Unsere Jungs sind im Kindergarten, die Mädchen sitzen vor uns in den Einkaufswagen. »Geht ihr noch zur Physiotherapie?«, frage ich Susi. »Brauchen wir nicht mehr.« Sie hebt die quengelnde Louisa aus dem Wagen und setzt sie auf den Boden. Louisa schnappt sich einen Apfel und rennt los. Sie ist unglaublich schnell und rennt Richtung Ausgang. Ich bin begeistert über die Fortschritte, die sie in der kurzen Zeit gemacht hat. Gleichzeitig reißt es mir den Boden unter den Füßen weg. Maris Fortschritte sind in diesem Zusammenhang nicht erwähnenswert. Den Vergleich mit Louisa kann ich jetzt also aus meiner Eswirdschonnichtsschlimmesein-Argumentationskette streichen.

Susi versucht, ihr Kind einzufangen. Und ich versuche, mich zusammenzureißen. Neben aufrichtiger Freude überwiegt die Trauer, dass Mari weiterhin nicht sitzen, krabbeln, geschweige denn laufen kann. Muss ich mir doch Sorgen machen? Und worüber mache ich mir Sorgen? Dass Mari nicht Louisas Freundin werden kann? Dass sie von der Gesellschaft ausgegrenzt wird? Dass unser Leben mal wieder anders als geplant verlaufen wird?

ALLER GUTEN KINDER SIND DREI

»WIR HABEN EBEN SEKT GETRUNKEN...«
JULI 2015

ANDRÉ Es war einer der mit Abstand heißesten Tage im Jahr 2015. Unser vierter Hochzeitstag. Shari lag mal wieder im Krankenhaus, schwanger natürlich und in froher Erwartung. Sie konnte nicht mehr. Nachdem ich die beiden Kinder versorgt hatte, fuhr ich ins Krankenhaus, setzte mich zu meiner Frau und zauberte ein Piccolöchen Sekt und zwei Gläser aus meiner Tasche.

»Vielleicht kommt sie so schneller?!«

Wir schwitzten, wir tranken. Shari nur ganz vorsichtig und nur ein paar Schlückchen. Wir waren glücklich und sollten es bleiben, denn diese Geburt würde die einzige von vieren sein, die ganz und gar reibungslos ablief. Lustigerweise ist unsere zweite Tochter auch ansonsten eine Ausnahme in der Reihe unserer vier Kinder. Die Einzige, die dunkelhaarig ist und somit ein Abbild ihrer Mutter. Während ich die anderen nicht verleugnen kann, erkennt man in ihr ganz deutlich die indischen Wurzeln. Unsere Kinder hatten einen indischen Urgroßvater, sind also kleine Achtel-Inder. Unser kleines Asia-Baby, wie wir sie nannten, ließ erst zwei bis drei Jahre später einen Touch aus meiner Familie erkennen, und manchmal sehe ich heute meinen Vater in ihr. Fun Fact: Shari und ich haben die gleichen elterlichen Konstellationen, was das äußere Erscheinungsbild betrifft: hellhäutige, blonde Mutter und »dunklen« Vater. Sharis Vater eben halb indisch und meiner hätte vom Erscheinen her Italiener sein können. Shari stellt nach zwei Schlückchen ihr Glas ab und atmet schwer.

»Geht es los?« Auch beim dritten Mal bleibt es spannend, das Kinderkriegen.

»Keine Ahnung!«, erwidert Shari. Auch beim dritten Mal ist nichts Routine. Wir sind beide sehr müde. Die Geburt wurde bereits gestern sachte eingeleitet – wegen der Hitze, Sharis Schmerzen unter dem Rippenbogen und des Verdachts auf Schwangerschaftsvergiftung sowie Schmerzen im unteren Rücken. So viel zum Thema »reibungslos«. Aber das ist normale Härte für Schwangere.

Dieses Einleiten bescherte uns zwar noch nicht unsere Tochter, dafür aber eine wunderschöne Nacht auf der Wiese vor dem Krankenhaus in Bergisch Gladbach, mit einem glasklaren Blick auf Köln. Wir machten uns bewusst, was für ein Glück wir hatten, erträumten uns unseren weiteren Weg, freuten uns auf unser nächstes Kind und sprachen darüber, dass Maris Entwicklungsverzögerung sicher eine einfache Erklärung hatte, über die wir in ein paar Jahren lachen würden. Lachen können wir heute über die Erklärung vielleicht nicht, allerdings können wir über das schmunzeln, was wir dachten, und erinnern uns gerne an diese Nacht. Unser Leben sollte noch schöner werden. Zwar anders als erwartet, aber schöner als erträumt.

In Sharis Bauch tat sich etwas. Wir riefen eine Ärztin.

»Geht's jetzt los?«, fragte ich zum hundertsten Mal. Shari zuckte mit den Schultern, zog die Mundwinkel nach unten und sah mich mit großen strahlenden Augen an. Das war ihr KEINEAHNUNG-ABERICHGLAUBESCHON-Gesicht.

»Der Pulsschlag Ihres Kindes ist sehr hoch …«, bemerkte die Ärztin. Shari und ich sahen uns schuldbewusst an.

»Ach, echt?!«

»Ja, ist wahrscheinlich diese unmenschliche Hitze!«

»Ja … kann sein …«

»Wahrscheinlich geht es gleich los!«

Mein Blick wanderte zu dem Jutesack, in dem ich das Piccolöchen und die Gläser versteckt hatte. Ich kam mir vor wie der Junge, der Popel an die Wand geschmiert hatte und nichts sagte, als sein kleiner Cousin fälschlicherweise dieser Tat bezichtigt wurde. Sorry, Eric!

Shari sah mich schuldbewusst an, als sich weitere Personen in weißen Kitteln ins Zimmer begaben, um die Situation zu beurteilen.

Es bricht eine kontrollierte Hektik aus. Wehenschreiber, Vitalwerte, Überprüfung der Kreißsaal-Verfügbarkeit, Check des Muttermunds ... Eigentlich ist es noch nicht so weit, aber bei dem Puls: »Startbahn frei, gleich geht es los, Frau Dietz!«

»Wir haben eben Sekt getrunken!«, platzt es aus mir heraus.

Stille.

»Ach ...«

»Schlimm?«

»Nee«, sagt die Ärztin abgeklärt. »Hätten Sie uns allerdings mal etwas früher sagen können.«

Als die Ärztin und ihre Entourage unser Zimmer verlassen haben, lachen wir uns schlapp über unser kindisches Verhalten.

Kurze Zeit später kam sie dann. Unsere zweite Tochter, unser drittes Kind. Eine geschmeidige Geburt und eine große Überraschung. Nach zwei blonden Kindern lag da plötzlich Sharis Ebenbild vor mir. Pechschwarze Mähne und ebenso schön wie ihre Mutter und ihre beiden Geschwister. Denn die haben, neben der Ähnlichkeit mit mir, zum Glück auch die Schönheit ihrer Mutter geerbt.

DIE GEBURT – EINE (W)HITZIGE ANGELEGENHEIT
JULI 2015

SHARI Mutterschutz: Das bedeutet hier in Deutschland, dass man sechs Wochen vor und acht Wochen nach der Geburt nicht arbeiten muss. Beziehungsweise darf. Im besten Fall kommt noch etwas Resturlaub dazu und man hat gute zwei Monate Zeit, sich auf die Geburt vorzubereiten. »Nestbau«, stand in meiner App. Alles aufräumen, schön machen, Krankenhaustasche packen, vorkochen. Und viel rumliegen und entspannen. Die Ruhe vor dem Sturm. Schöne Theorie. Wie genau sieht die vorgeburtliche Auszeit aus, wenn man schon zwei Kinder hat? Nix Auszeit.

»Ich kann nicht mehr. Lass uns ins Krankenhaus fahren und loslegen.« Der errechnete Entbindungstermin ist noch zwei Wochen hin, aber ich bin fest entschlossen und scheine meine Entschlossenheit überzeugend rüberzubringen: »Das. Kind. Muss. Jetzt. Raus.«

Geplant war das nicht. Vorbereitet noch weniger. Ich habe eben einfach entschieden, dass es reicht. Und zufällig hat André heute frei. Er wirft ein paar Sachen in eine Reisetasche. »Für das Packen hatte ich einfach noch keine Zeit.« Ich zucke mit den Schultern. Er lacht. »Eine Unterhose oder zwei?« Okay, das hätte ich besser selbst erledigt. »Mindestens vier.« Wir lachen. »Lass uns fahren!«

Es ist so heiß und ich bin so schwanger! In den letzten zwei Wochen war ich schon dreimal zur Kontrolle im Krankenhaus. Unter meinem Rippenbogen scheint ein Nerv eingeklemmt zu sein. Das Problem ist mir schon aus den letzten Schwangerschaften bekannt, dennoch musste sicherheitshalber immer wieder eine Schwangerschaftsvergiftung ausgeschlossen werden.

Bei den Besuchen in meinem als besonders »babyfreundlich« und »natürlich« bekannten Krankenhaus habe ich dann gleich mal die Einleitung thematisiert. »Wenn Sie es gar nicht mehr aushalten, würden wir auch einleiten.« Gut. Das hätten sie nicht sagen dürfen, denn der Zeitpunkt war und ist lange überschritten.

»*Nicht mehr schwer heben!*« Die Schwangerschafts-App gibt einfach aus dem Leben gegriffene Tipps. Mari ist anderthalb Jahre alt und wiegt so viel wie ein Sixpack Wasser. Also neun Liter. Sie kann noch nicht laufen oder sitzen. Ich muss sie immer tragen, auch wenn es nur bis zum Auto oder mal eben vom Auto bis zum Kindergarten ist. Schon seit mehreren Monaten setze ich sie immer oben auf meinen Bauch, weil meine Hüfte aufgrund von Bauch nicht mehr erkennbar ist. Aber jetzt kann ich nicht mehr. Was bestimmt auch mit der Affenhitze zu tun hat.

Die Hebamme im Krankenhaus nimmt mich erst mal nur semiernst. »Ich glaube, Sie haben mich nicht verstanden: Es ist heiß. Ich habe starke Schmerzen. Ich habe zwei kleine Kinder zu Hause, und ich MUSS jetzt entbinden.« Es liegt wohl in der Natur der Hebamme, immer nett zu sein. Egal, wie sehr sie beschimpft oder angeschrien wird. Aber dieser – etwas älteren – Hebamme scheint meine Idee so gar nicht in ihr anthroposophisches Geburtsbild zu passen. »Bei aller Liebe, Frau Dietz: Wir leiten Geburten nicht einfach so ein. Da könnte ja jeder kommen.«
Wir leiten nicht einfach ein. »Nicht einfach?« Am liebsten würde ich sofort in ein anderes Krankenhaus fahren. Tatsächlich weiß ich aber aus Erzählungen, dass hier im Krankenhaus auch keine geplanten Kaiserschnitte durchgeführt werden. »Natürlich« nennen sie das. Ich bin aber trotzdem entschlossen. Entschlossen, hier zu entbinden. Entschlossen, jetzt zu entbinden. Und die Hebamme verspricht mir, mit dem Arzt zu sprechen.

Ich hänge am CTG, als die Hebamme und der diensthabende Arzt zu uns kommen. Glücklicherweise ist es der, mit dem wir uns auch bei den letzten Besuchen so gut verstanden haben. »Ich bin ganz Ihrer Meinung«, hat er gesagt, als ich ihm einen fünfminütigen Vortrag über meine Skepsis bezüglich Homöopathie, Akupunktur und anthroposophischer Heilmethoden gehalten habe.

»Hallo, Frau Dietz!« Der Arzt grinst über das ganze Gesicht, als er mich sieht, und ich bin mir sicher, ich habe ihn auf meiner Seite. »Wann legen wir los?«, frage ich ihn, noch bevor ich ihn begrüße. Wir müssen alle lachen, außer der Hebamme. Sie dreht sich um und verlässt den Raum.

Am nächsten Morgen starten wir mit der Einleitung. Was mir der Arzt zwar gesagt, ich aber nicht richtig ernst genommen habe: So eine Einleitung kann eine lange Prozedur sein. Die Ärzte und Hebammen sind sehr vorsichtig mit den Medikamenten, um keine Sturzgeburt zu provozieren. Im Klartext bedeutet das für mich: Das Medikament wird in mehreren Schritten verabreicht, wobei die Dosis sich langsam erhöht. Die Geburt kann sich also über mehrere Tage hinziehen, auch wenn man immer wieder starke Wehen bekommt.

Und so ist es auch gekommen. Wir verbringen unseren Hochzeitstag (mit kleinem Sektexkurs) im Krankenhaus. Ich habe alles versucht. Ich habe mir von einer Hebamme eine homöopathische Spritze geben lassen. Nach den Worten »Entweder die Geburt startet jetzt, oder es passiert eben nichts« wurde uns mal wieder klar, wie überzeugend die Homöopathie sein kann. Es ist nichts passiert. Ich bin sogar wieder in die Badewanne gestiegen, obwohl ich das schon bei meiner letzten Geburt als absolut unmöglich empfunden hatte. Ergebnislos.

Am dritten und für mich heißesten Tag kommt die Geburt in Gang. Es ist anstrengend, kräftezehrend und vor allem heiß. So heiß, dass ich von André zwischendurch Eis serviert bekomme, um dann schließlich komplett nackt am offenen Fenster mein drittes Kind zu bekommen.

Trotz schwieriger Nachgeburt sind wir so glücklich, unser drittes Kind in den Armen zu halten. Ein kleines, dunkelhaariges Baby. Das erste, das mir unglaublich ähnelt. Die Geburt und unsere Kinder: alle anders und doch so gleich.

Wochenbett. In der App steht: »*Man erholt sich von der Geburt, lernt sich ganz behutsam kennen, verbringt die meiste Zeit im Bett und genießt die Kuschelzeit.*« Natürlich nicht. Nicht, wenn man schon zwei Kinder hat, die auch noch ziemlich klein sind. Zu Hause angekommen geht der Alltag also wieder ganz normal weiter. Aber wir könnten glücklicher nicht sein.

Kurz nach der Geburt schreibe ich an eine Freundin: »Dieser Moment, wenn sie aus einem rauskommen. Ich könnte das immer wieder machen!«

DER TORNADO, DER SIE SEIN SOLL

SEPTEMBER 2018

SHARI   Als klar war, dass wir ein paar Kinder bekommen würden, haben uns viele vor den Gefahren gewarnt, denen Sandwichkinder scheinbar automatisch ausgesetzt sind: »Die gehen im

Alltag unter. Weder bekommen sie diese ungeteilte Hingabe der Eltern wie die Erstgeborenen noch wird ihnen die Aufmerksamkeit zuteil wie den Nesthäkchen.« Und auch wenn jedem klar sein wird, dass wir relativ wenig von solchen schematischen Aussagen halten, habe insbesondere ich mir Gedanken gemacht. Weil ich natürlich nichts falsch machen möchte. Weil jedes Kind dieselben Chancen bekommen soll. Weil ich meine Kinder doch alle gleichermaßen liebe. Kind Nummer drei ist unser Sandwichkind. Und sie fällt auf. Das sagen Außenstehende jedenfalls immer wieder. Bei ihr sind meine indischen Gene so richtig durchgekommen: viele dunkle Haare. Mandelaugen. Ein voller Mund. »Der kleine Buddha«, hat meine Familie sie genannt. »Made in Taiwan«, haben wir ihr mal auf ihre Stirn geklebt. André hat auch unseren dunkelhäutigen Postboten schon scherzhaft beschuldigt, der Vater seiner Tochter zu sein. Zum Glück konnte der herzlich mit uns darüber lachen.

Unser drittes Kind ist zwar faktisch Maris kleine Schwester, aber wir nennen sie die große kleine Schwester, weil sie sich mit ihren drei Jahren genauso um Mari kümmert wie um unsere Jüngste.

Als diese zur Welt kam, war die Eifersucht groß. »Game of Thrones«, nannten wir es, da sie vermeintlich vom Thron gestoßen wurde. Das ging jedoch schnell vorbei.

Sie ist sehr willens- und durchsetzungsstark. Wild und eigensinnig. Ein Tornado. Ein bisschen wie ihre Mama. Den einen Tag zugänglich, extrovertiert, aufgeweckt und gesprächig, am nächsten Tag anhänglich, verträumt, ruhig und verschlossen. Und sie ist vor allem eins: kein Opfer der Geschwisterkonstellation. Ganz im Gegenteil. Sie besitzt Diplomatie und Feingefühl. Kann sich durchsetzen. Sie ist eine tolle Schwester und hat eine gleichwertige Position mit den Geschwistern in unserer Familie. Und weil in mir immer noch etwas die Angst vor der Benachteiligung schlummert, habe ich auf sie ein besonderes Augenmerk.

Insbesondere an der Situation mit Mari hat sie sehr zu knabbern, was ich aber nicht ihrem Status als Sandwichkind zurechne, sondern vielmehr dem Alter, in dem sie gerade ist. Sie versteht schon viel, kann aber gleichzeitig vieles noch nicht richtig fassen.

Neulich zum Beispiel: ein Donnerstagnachmittag. Eine trügerische Ruhe lag über unserem Haus. Ich hätte mich darüber freuen können, dass alle Kinder miteinander oder für sich in ihren Zimmern spielten. Aber irgendwie war mir klar, dass es so nicht lange bleiben konnte und irgendetwas diese Idylle beenden würde. Und es passierte: »Mari hat einen Anfall!« Der leider schon vertraute Schlüsselsatz von André. Zwar hatte ich damit in diesem Moment am wenigsten gerechnet, trotzdem habe ich ziemlich vorbereitet reagiert. Wir haben Mari im Wohnzimmer auf die Couch gelegt, nach einigen Minuten habe ich den Notarzt gerufen und die anderen Kinder zu den Nachbarn gebracht. Bis auf Nummer drei. Sie hat so schön in ihrem Zimmer gespielt, und irgendwie habe ich geglaubt, dass das so in Ordnung ist. War es auch. Bis zu dem Moment, als sie mit ihrer Puppe auf dem Arm ins Wohnzimmer marschierte und drei gestiefelte Rettungssanitäter und einen Arzt erblickte. Dazu laute Funkgeräte und Monitore, die ständig Alarm schlugen. »Auf deinen Arm«, hat sie nur zu mir gesagt, ihre Puppe fallen lassen und ist mit gestreckten Armen in meine Richtung gelaufen. Was in ihrem kleinen Kopf vorgegangen sein muss, kann ich nur erahnen. Klar war auf jeden Fall, dass ihr die vielen Männer und eine regungslose Mari auf der Couch schreckliche Angst bereitet haben müssen.

Ich habe mich unglaublich schlecht gefühlt. Zumal es nicht die erste dieser Situationen ist, die unsere Kinder miterleben mussten. Der Große ist allerdings älter und versteht schon wesentlich mehr. Und die Kleinste ist so klein, dass sie das noch nicht erkennbar tangiert. Ich weiß, dass unsere Kinder lernen müssen, damit umzugehen. Ich bin mir aber sicher, dass es gerade bei Kind Nummer drei ein sanfterer Weg hätte sein müssen.

Unsere bereits trockene, schnullerfreie Maus hat in den Wochen danach ein paar Rückschritte gemacht. Sie hat nicht mehr so gut durchgeschlafen und ist nachts öfter zu uns gekommen. Sie hat den Schnuller ihrer Schwester geklaut, um heimlich daran zu nuckeln, und oft vergessen, auf die Toilette zu gehen.

Wir geben ihr Zeit und Fürsorge, damit unser Sandwichkind bald wieder der Tornado ist, der sie sein soll. Wir sind uns sicher, dass sie das schafft. Denn auch, wenn sie härter in Mitleidenschaft gezogen wird, als das Kinder in ihrem Alter vielleicht erleben sollten, ist sie glücklich, das können wir sehen. Und wir stehen ihr zur Seite, so wie wir es bei all unseren Kindern tun.

Sie ist ein Sandwichkind. Aber sie ist stark und sie lernt, sich zwischen ihren Geschwistern zu behaupten und sich um sich selbst zu kümmern. Dabei hat sie wesentlich weniger Erwartungen an uns als ihre Geschwister. Ob das an ihrem Charakter oder an der Geschwisterkonstellation liegt, kann ich nicht sagen, es ist auch nicht wichtig. Wichtig ist, dass sie ihren Platz in der Familie hat. Und dass wir für sie da sind. Dafür sorgen wir.

»DIE MARI HATTE EIN ABFALL!«
SEPTEMBER 2018

ANDRÉ Maris letzte Epilepsiephase hat unserem dritten Kind sehr zu schaffen gemacht. Einmal saß sie, bereits angeschnallt, in unserem Bus, als Shari einen Anruf vom Kindergarten bekam: ein Grand-mal-Anfall. Sie und ihre kleine Schwester mussten sofort raus aus dem Wagen und sahen nur noch, wie ihre Mutter mit quietschenden Reifen davonraste, während unsere Nachbarn Tina und Maik versuchten, die beiden kleinen Mädels zu beruhigen.

Eine andere Situation. Sie kommt mir immer vor wie aus einem Film. Mari hatte wieder einen schweren Anfall und lag bewusstlos auf der Couch. Shari saß daneben und weinte, ich hatte Maris Kopf auf meinen Beinen, und um uns herum standen ein Kinderarzt und vier Ersthelfer. In den Scheiben spiegelte sich das Blaulicht, das stumm und unermüdlich seine Runden drehte. Ich dachte, die Kinder seien alle bei den Nachbarn, als plötzlich unser kleines dunkelhaariges Mädchen um die Ecke kam, eine Puppe im Arm und fröhlich lächelnd. Dann erfasste sie langsam die Situation, sah ihre aufgelöste Mutter, die fremden Menschen und ihre bewusstlose Schwester und alles entglitt ihr. Sie sah mich schockiert an und sie wollte auf Mamas Arm, was gerade nicht ging. Ich legte Maris Kopf sanft auf das Sofa, ging zu ihr und nahm sie auf den Arm. »Willst du Mari mal streicheln? Es ist alles wieder gut, sie muss nur etwas schlafen, und morgen ist sie wieder ganz gesund.« Sie nickte stumm und strich ihrer Schwester übers Haar.

Ihr Schock ließ uns erneut darüber nachdenken, welches der richtige Weg sein könnte, den anderen Kindern Maris Anfallsleiden zu vermitteln. Die unvorbereitete Konfrontation mit einem Notfall und fremden Helfern war sicherlich schlimm. Aber war das hastige Wegbringen der Kinder, sobald sich ein Anfall ankündigte, wirklich besser? Haben Kinder nicht oft noch mehr Angst vor dem Unbekannten als vor der – wenn auch harten – Realität? Wenn wir sie wegbrachten, wussten sie nur, dass ihre Eltern panisch und unruhig waren – aber sie kannten den Grund nicht und wussten nicht, was in unserem Haus gerade geschah. Dass ihnen das eine diffuse Angst bereitete, liegt auf der Hand.

Bald danach hatte Mari erneut einen Anfall – es war etwa der zwanzigste. So wie er sich ankündigte, gingen wir nicht von einem schweren Anfall aus. Shari und ich hatten uns an diese Situation schon längst »gewöhnt« und erledigten alles mit einer professionellen Ruhe. »Bringst du die Kinder zu den Nachbarn?«, fragte ich, als die drei angelaufen kamen.

Shari wandte sich an die Kinder. »Die Mari hat wieder einen Anfall. Wir geben ihr jetzt ein Medikament und sehen dann, ob sie wieder zu uns zurückkommt.«

Ich verstand ihr Signal und machte mit. Wir banden die Kinder ein. »Wenn das mit dem Medikament nicht klappt, rufen wir einen Krankenwagen, und der Arzt, der dabei ist, schafft das dann, oder einer von uns fährt mit ihr ins Krankenhaus«, sagte ich ruhig. »Wollt ihr dabeibleiben oder lieber zu Tina und Maik gehen?«

Sie wollten dableiben. Die Kleinste setzte sich auf Sharis Schoß, und die anderen beiden beobachteten alles ganz genau und hochkonzentriert. Ich zog Maris Hose runter, öffnete ihre Windel und führte eine Rektiole mit dem Valiumpräparat in ihren Po ein. Mari starrte noch immer nach oben rechts und befand sich im Krampfanfall.

»Wie lange?«

»Sie ist jetzt seit zwei Minuten drin.«

»Noch mal 5 mg?«

»Nein, lass uns warten!«

»Okay.«

Wir schnipsten mit den Fingern und redeten auf Mari ein – und ihre beiden Geschwister taten es uns gleich. Leise flüsterten sie ihren Namen: »Mari … Mari …«

»Vier Minuten … Sollen wir den Notarzt rufen?«

»Warte, ich glaub, sie kommt wieder.« Und sie kam. Die Freude war groß. Nicht so laut, wie die Freude bei Kindern, speziell unseren Kindern normalerweise ist, aber nicht weniger echt und herzzerreißend süß. Unser süßes Sandwichkind saß in der Hocke vor mir, die Hände gefaltet, sie beobachtete ihre Schwester ganz genau, wie sie da auf dem Boden lag, dann sah sie mich mit ihren großen braunen Augen an und sagte, als sei ich die ganze Zeit gar nicht dabei gewesen: »Die Mari hatte ein Abfall!«

»Anfall«, flüsterte der Große. »Wenn ich mal groß bin, werde ich Forscher, damit ich der Mari helfen kann.« Was für ein cooler Typ.

Dieses Erlebnis war so verdammt wichtig. Für die Kinder und für uns.

DIAGNOSE

»UND WENN MIT MARI DOCH WAS SCHLIMMES IST?«
OKTOBER 2015

SHARI   »Natürlich setze ich mich auch mit diesem Gedanken auseinander, Mama.«
Ich quäle mich mit Mari durch den Stau in die Kölner Innenstadt. Seit wir aufs Land gezogen sind, ist da diese Baustelle vor und auf Kölns größter Brücke. Unsere Verbindung in die Stadt. Wir kennen es quasi nicht anders. Was nicht bedeutet, dass uns die 40 Minuten Fahrtzeit für eine Strecke von zwölf Kilometern nicht unglaublich nerven. Theoretisch hat nur André eine Schnittmenge mit dem Stau. Seit ich allerdings mit Mari gefühlt jeden Arzt in NRW anfahre, ist das Verkehrschaos auch mein Problem.

»Und wenn das mit Mari vielleicht doch was Schlimmes ist?« Ich überbrücke die Wartezeit im Stau mit Telefonieren und habe meine Mutter dran. Sie ist besorgt. Schon länger. Und ich kann das sehr gut verstehen. »Es hilft doch nichts, sich darüber den Kopf zu zerbrechen. Aktuell sieht alles gut aus. Mari geht es gut. Wir sollten positiv bleiben.« Ich muss stark sein. Meiner Mutter ein gutes Gefühl geben. So wie André es mir gibt, wenn ich fast täglich über meine Sorgen und Zweifel in Hinblick auf Mari mit ihm spreche.

Was wäre »etwas Schlimmes«? Was beunruhigt einen, wenn man doch weiß, dass organisch alles gut ist? Dass Mari vielleicht eine Behinderung hat? Dass sie kein Abitur machen kann? Ändert das etwas an unserem Kind? Ist sie nicht perfekt, so wie sie ist?

»Euer Leben würde sich komplett ändern«, sagt meine Mutter. Und ich bleibe eisern, versuche stark zu sein. »Aber bisher konnte man doch nichts feststellen. Und sollten die Ärzte sich berechtigte Sorgen machen, wären wir doch die Ersten, denen sie es sagen würden.« Ich glaube mir fast selbst. Und meine Mutter lässt auch locker. »Du hast recht. Trotzdem wäre es toll, wenn wir endlich wüssten, wo wir dran sind. Wie wir ihr helfen können.« Eine Erklärung, eine Prognose. Auch ich würde das gerne hören. Die Ärzteodyssee sprengt unseren Alltag und macht unser Leben aktuell zu einer Achterbahnfahrt. Immer wieder beruhigende Worte von Ärzten, die einem zumindest ein paar Tage lang ein gutes Gefühl geben. Diese guten Gefühle versickern aber schnell im Nichts. Und dann steht schon wieder der nächste Termin an. Neurologen, Pädiater, Orthoptisten, Ergo- oder Physiotherapeuten.

Ich möchte nicht überambitioniert sein, aber trotzdem nichts unversucht lassen an Therapien oder Untersuchungen. Und auch wenn jedes Kind seine Zeit braucht, merke ich zunehmend, wie unser Umfeld uns unter Druck setzt. Mari ist jetzt 13 Monate alt und hat ohne Zweifel eine starke Entwicklungsverzögerung. Auch ein zweitägiger Aufenthalt im Krankenhaus hat uns nicht weitergebracht. Sie ist von Kopf bis Fuß untersucht worden. Keine Diagnose.

Das einzige wirklich offensichtliche Problem sind bisher ihre Augen. Mari schielt extrem. Wir stellen uns die Frage, ob Mari durch das starke Schielen vielleicht nicht richtig sieht, sich nicht richtig orientieren, nicht das Gleichgewicht finden kann. Vielleicht ist also das der Grund dafür, dass sie nicht sitzen, krabbeln oder laufen kann? Heute möchte ich das mit Maris Augenärztin besprechen.

In der Praxis angekommen, setze ich mich mit Mari ins vollbesetzte Wartezimmer. Es ist Kindersprechstunde, und um mich herum toben viele kleine Patienten mit Brillen oder abgeklebten Augen. Ich ziehe Mari die Jacke aus, dabei fällt ihr Schnuller auf die Erde. Ein kleiner Junge kommt und reicht Mari den Schnuller. »Nuni«, quetscht er durch seine Lippen. Ich übernehme den Schnuller für sie und bedanke mich bei dem Kind. Mari ist interessiert an ihrem Umfeld, an den Kindern um sie herum, aber sie ist nicht in der Lage, mit ihnen in Kommunikation zu treten. Ihren Schnuller in Empfang zu nehmen. Die Vorstellung, Mari würde mit einer Brille alles aufholen, das Lautieren als ersten Schritt zum Sprechen beginnen, andere Kinder fokussieren und bewusster am Leben teilnehmen, gibt mir unglaublich viel Hoffnung.

Nachdem die Arzthelferinnen mit Mari ein paar Untersuchungen gemacht haben – von denen der Großteil kein befriedigendes Ergebnis erbracht hat –, werde ich endlich zur Ärztin hereingebeten. Ich setze mich mit Mari gemeinsam auf den Untersuchungsstuhl und versuche, ihren Kopf zu stabilisieren, damit die Ärztin ihr in die Augen gucken kann. Sie bewegt einen Stift, auf dem ein wackelnder Papagei sitzt, vor Maris Augen hin und her. »Das sieht sehr gut aus. Mari fokussiert immer mit einem Auge den Papagei. Dabei wechselt sie zwischen den beiden Augen.« Ich lasse Maris Kopf locker. »Also müssen wir nicht kleben?« Die Ärztin schüttelt den Kopf. »Mari trainiert ihre Augen gleichmäßig. Sie fokussiert zwar nicht mit beiden Augen gleichzeitig, ist deswegen aber keineswegs eingeschränkt. Ein Abkleben der Augen würde keine Verbesserung bringen.«

»Und wie sieht es mit einer Brille aus?« Ohne die Antwort abzuwarten, stelle ich die nächste Frage: »Können Sie sich vorstellen, dass Mari aufgrund ihrer Augen so entwicklungsverzögert ist?« Ich lasse meine persönliche Katze aus dem Sack. Ich stelle die Frage, die mir seit einigen Wochen so unter den Nägeln brennt. »Das kann ich mit einem eindeutigen Nein beantworten.« Die Antwort kommt schnell. »Dafür muss es eine andere Ursache geben. Wie wäre es, wenn ich mich für Sie um einen Termin im SPZ in der Uniklinik Köln bemühe.« Mir kommen die Tränen. Ich hatte so sehr darauf gehofft, dass ein einfaches Hilfsmittel wie eine Brille unsere Sorgen aus der Welt schaffen könnte. So wie ein Auto, das wieder fährt, weil endlich jemand auf die Idee gekommen ist, Benzin nachzufüllen. Ganz simpel also.

Die Brille, die uns sehend macht und unsere Probleme löst. Dieser Moment lässt mich nicht nur unglaublich traurig werden, sondern auch frustriert. All das Positive in mir löst sich wieder in Nichts auf. Ich habe keine Kraft mehr für Ärzte. Ich will endlich wissen, wie ich

Mari helfen kann und was mit ihr los ist. Aber unsere Reise ist noch nicht beendet. Wir können weiterhin nicht zur Ruhe kommen.

DIE ZUKUNFT BLEIBT DIE ZUKUNFT

OKTOBER/NOVEMBER 2015

ANDRÉ »Wollen Sie eine vorläufige Diagnose? Die hundertprozentige wird Ihnen ein Gentest bringen, aber ich habe eine Vermutung. Ich bin mir ziemlich sicher. Also, wollen Sie es wissen?«

Na klar wollten wir. Was sollte denn schon ein einziger Satz aus dem Mund eines fremden Mannes an unserem Leben ändern. Mari bleibt doch Mari. Wir sind doch wir!

»Soll ich morgen arbeiten gehen?«

Ich liege im Bett. Shari liegt neben mir. Sie ist endlich eingeschlafen. Ich streiche über ihr Haar und ihre Wangen, die noch immer feucht von ihren Tränen sind. Ich habe noch nicht geweint. Ich versuche noch immer, alles zu verstehen und die Puzzleteile zusammenzufügen. Das Emotionale mit dem Rationalen zu parieren. Die Zukunft bleibt die Zukunft, nur wird sie anders werden, als wir sie geplant hatten. Also muss ein neuer Plan her.

Shari macht sich Vorwürfe. Sie glaubt fest daran, dass die Ursache für die Analatresie unseres Sohnes und den Gendefekt unserer Tochter an ihrer genetischen Konstellation liegt. Zuerst muss ich Shari also wieder auf die Beine bekommen. Arbeiten gehen werde ich morgen nicht.

Ich habe Shari »verboten«, nach diesem Angelman-Syndrom zu googeln. Wir wissen doch, was ungefilterte Informationen aus dem Internet mit uns machen können. »Lass uns uns auf die Wissenschaft konzentrieren, auf Fakten, auf unseren Optimismus«, habe ich gesagt. Ich habe mir die Videos von Angelman-Kindern auch angesehen, sie auf stumm geschaltet, damit ich die daruntergelegte Musik von Enya nicht ertragen muss. Es ist auch für mich hart, aber aus irgendeinem Grund ist mein Optimismus nicht zu knacken. Ich lese und lese.

Menschen mit dem Angelman-Syndrom sind ...
Kinder, die das Angelman-Syndrom haben, können ...
Das Angelman-Syndrom ist ...

Passt das alles auf unsere Mari? Sie wirkt trotz ihrer nicht wegzudiskutierenden Entwicklungsverzögerung so pfiffig. Okay, das mit der Wasseraffinität, das Schielen, diese ungehemmte Fröhlichkeit, die Sache mit den Schlafproblemen, das passt alles verdammt gut.

Ein paar andere Sachen allerdings (zu diesem Zeitpunkt) noch kaum. Zum Beispiel die Epilepsie ... Das wäre ein Hoffnungsschimmer.

Aber schon zwei Videos später muss ich vor mir selbst zugeben: Es passt verdammt gut.

Es gab eine Zeit, in der ich viel getrunken habe. Meine Eltern waren gestorben, ich hatte keinen Job, kein Geld und war unglücklich verliebt. Kurz: Ich wusste nicht, wie es weitergehen sollte.

Ein Leben wie das hier war undenkbar!

Ein anderes Mal – ich hatte mich gerade gefangen – trieb ich mitten im Indischen Ozean, und obwohl ich nicht daran glaubte, fand ich mich mit dem Gedanken ab, dass es vorbei war.

Ein Leben wie das hier war ein ferner Traum.

Jetzt liege ich hier, neben der schönsten Frau der Welt in einem Traumhaus. Ich habe drei umwerfende Kinder, und mein Leben war bis gestern genau das, was ich mir erträumt hatte.

Ein paar Worte, eine Diagnose können diesen Traum nicht zerstören. Nach allem, was ich schon erlebt habe, ist das hier ein Lottogewinn. Und noch einer obendrauf. Maris Behinderung ist nichts gegen das, was ich schon durchmachen musste. Denn hier hat die Liebe die Oberhand und ich weiß: Was auch immer passiert, die Liebe, dieses durchtriebene Miststück, wird alle Wunden heilen.

WAS IST EIGENTLICH GLÜCK?
OKTOBER 2015

SHARI 01:21 Uhr. Ich halte mein Handy in der Hand. Unzählige Male habe ich mich im Bett gedreht und nicht zurück in den Schlaf gefunden. Seit ich ins Bett gegangen bin, habe ich die Kleinste bereits zweimal gestillt. Was würde ich dafür geben, endlich wieder einschlafen zu können! Denn obwohl die Zeit rast, vergeht sie einfach nicht.

Mein Kopfkissen ist nass von meinen Tränen. André liegt neben mir. »Leg dein Handy weg und versuch endlich zu schlafen.« Ich muss zur Ruhe kommen. Einschlafen. Denn unser Leben und unser Alltag gehen weiter. »Für unsere Kinder hat sich nichts geändert, und wir müssen versuchen, stark zu sein«, flüstert André mir tröstend ins Ohr. »Das kann nur gelingen, wenn wir wenigstens ein paar Stunden schlafen.« Er hat recht. Und nichts lieber als das würde ich jetzt gerne tun. Schlafen und nicht weiter nachdenken. Über Mari, über uns, über unsere Zukunft. Das Handy ist dabei mein größter Feind. Ich kann nicht aufhören, in ihm nach Antworten zu suchen. Nach Antworten, die es nicht zu geben scheint. Wird sie sprechen lernen? Wird sie laufen lernen? Wann wird sie sprechen oder laufen lernen? Was gibt es für Begleitsymptome? Wie hoch ist die Lebenserwartung? Und immer wieder: Was gibt es für Heilungschancen?

Ich lese Texte, ich finde Bilder, entdecke Videos. Und sollte ich mich mal kurzzeitig beruhigt haben, kann ich mit großer Wahrscheinlichkeit davon ausgehen, dass mich das nächste Video oder Bild von einem betroffenen Kind zurück in den nächsten Heulkrampf versetzt.

Ich liege hier in meinem Bett, in unserem Schlafzimmer, in unserem Zuhause. Ich habe alles, was ich mir immer erträumt habe. Ich habe meine große Liebe geheiratet, wir haben ein tolles Zuhause, drei wunderbare Kinder. Bis zum heutigen Tag war mein Leben für mich perfekt. Mehr als das. Und jetzt? Ich fühle mich unglücklich wie nie zuvor. Alles ist mir fremd. Meine Kinder, meine Familie, mein Zuhause. Wie kann sich auf einmal alles so sehr verändert haben? War ich vielleicht zu glücklich? Darf mein Leben nicht nur perfekt sein? Was ist eigentlich Glück? Und wie wichtig ist Perfektion? Es ist die Nacht nach dem 27. Oktober 2015, dem Tag der Diagnose. Genau genommen haben wir noch keine Diagnose, allerdings hat der Arzt eine starke Vermutung ausgesprochen. Und uns damit das geliefert, worauf wir so lange gewartet haben, nämlich eine Erklärung auf die immer wieder im Raum stehende Frage, warum unsere Tochter Mari anders ist. Warum sie viele Dinge nicht kann, warum sie sich oft anders verhält. Jetzt haben wir endlich etwas, womit wir uns auseinandersetzen können. Worüber wir uns informieren können.

Nachdem wir am frühen Abend zurück nach Hause gekommen sind, musste ich mich erst mal zurückziehen und habe mir ein Video angesehen. Ein Video, das eine andere betroffene Familie online gestellt hat. Ein Video mit einem im Rollstuhl sitzenden Kind, mit einem mehr als traurigen Song unterlegt. Das war der Moment, in dem ich gemerkt habe, dass nichts mehr gut ist. Dass André nicht arbeiten gehen soll und dass es vielleicht doch gut wäre, meine beste Freundin würde vorbeikommen, um uns beizustehen.

Zweifel an dieser vom Arzt ausgesprochenen Vermutung habe ich keine, auch wenn uns endgültige Sicherheit nur ein Genetiker geben kann. Die Bilder der anderen Kinder, die Symptome: Alles passt zu Mari. Sie ist fast zwei Jahre alt und kann noch nicht alleine sitzen oder lautieren, nicht alleine essen oder trinken. Sie lacht den ganzen Tag, ist unglaublich glücklich. Besonders glücklich ist sie im Wasser.

Außerdem erkenne ich bei den betroffenen Kindern eine beeindruckende Ähnlichkeit mit Mari. Man könnte fast meinen, die Kinder seien Geschwister. Das Ausmaß dieser ja bisher nur in den Raum gestellten Diagnose wird uns Schritt für Schritt klar. Immer wieder bekomme ich neue Geistesblitze, über die ich mir bis dato noch keine Gedanken gemacht habe. Der erste Freund. Windeln. Ich denke an einen Teenager, den ich wickeln muss. Was ist mit der Pubertät? Was werden ihre Geschwister denken? Kann Mari in den Kindergarten ihrer Geschwister gehen? Ich beantworte mir die Fragen selbst, indem ich jedes Szenario gedanklich einmal durchspiele und recherchiere, in der Hoffnung, vielleicht doch einen Ausweg zu finden.

Ich muss an die Schwangerschaft mit Mari denken. In dieser Zeit mussten wir unseren Hund einschläfern lassen. Er hatte innerhalb kürzester Zeit extrem abgebaut. Meine erste wirkliche Trennung, mein erster echter Verlust. Ein einschlägiges Erlebnis. Mein Hund, den ich neun Jahre Tag und Nacht an meiner Seite hatte, war von jetzt auf gleich nicht mehr bei mir. Kurze Zeit, nachdem unser Hund gestorben ist, wurde Mari geboren. Der eine geht, der andere kommt. Mari hat unsere Familie vervollständigt und unser Leben mehr als perfekt gemacht. Und so nah ich gerade am Wasser gebaut bin: Wegen unseres toten Hundes würde ich heute wohl nicht mehr weinen. Eigentlich ein gutes Zeichen: Trauer ist also vergänglich. Sie wird weniger, schmerzt nicht mehr so sehr. Ich habe einen treuen Begleiter verloren, der ein langes und gutes Leben hatte. Ich war so traurig, wusste aber, dass neues Leben in mir heranwächst und dass der Schmerz jeden Tag ein klein bisschen weniger werden wird. Dass die Trauer irgendwann nicht mehr so viel Raum einnehmen würde in unserem Leben. Dass wir, dass ich wieder glücklich werde.

Wie damals liege ich auch jetzt wach im Bett und muss immer wieder aus tiefem Herzen weinen. Ich habe niemanden verloren – und trotzdem muss ich Abschied nehmen. Ich habe versucht, mich darauf vorzubereiten, aber ich bin trotzdem ahnungslos, und es trifft mich unvorbereitet. Wie kann ich es schaffen, das Positive wieder überwiegen zu lassen? Mari lebt, sie ist glücklich. Bald hat sie ihren zweiten Geburtstag. Im Grunde hat sich für sie heute nichts verändert. Nur dass wir, ihre Eltern, plötzlich nicht mehr wissen, wie unsere Zukunft aussehen wird. Ich fühle mich wie in einer Abwärtsspirale, aus der ich mich, meine Familie und meinen Mann nicht mehr rausholen kann. Immer wieder der quälende Gedanke, dass wir Abschied nehmen müssen. Nicht Abschied von einem treuen Hund, auch nicht von einem geliebten Menschen. Abschied nehmen von einem Leben, wie wir es uns bisher vorgestellt haben. Von einem planbaren Leben. Paarzeit, Kinderzeit, Familienzeit, Paarzeit. Ein Leben, das vorhersehbar war, weil ich es aus meiner eigenen Kindheit kenne. Ein Leben, das auch unsere Nachbarn oder Freunde leben. Das wir gemeinsam leben. Alles wird anders, denn unsere Tochter hat das Angelman-Syndrom. Ein seltener Gendefekt auf dem Chromosom 15. Eine Laune der Natur.

»CUT!«

NOVEMBER 2015

ANDRÉ »Achtung! Und ... bitte!«
Ich gehe eine Straße entlang, als ich Ben treffe.
»Ey, Ingo, wenn du Marian siehst ...«
»Cut!«, ruft Inga, ihres Zeichens Regieassistentin und gute Freundin. Sie sieht mich an. Nicht wie sonst, da schwingt etwas anderes mit.
Jörg und ich sehen uns an. Ein Flieger, wir müssen den Dreh unterbrechen. Jetzt ist auch noch Kamera A ausgefallen. Das dauert mindestens zehn Minuten.
Marian, der eigentlich Sam heißt, trottet zu Ben, der eigentlich Jörg heißt, und mir, der eigentlich André heißt und nicht Ingo. Ich merke, wie die beiden versuchen, etwas Normalität in unsere Gespräche zu bringen, doch sie sind nicht wie sonst, da schwingt etwas anderes mit.
Was muss ich nur tun, damit alle endlich verstehen, dass ich klarkomme? Okay, es fällt mir gerade alles etwas schwerer. Emotionen zu spielen, die konträr zu meiner momentanen Situation sind, ist nicht einfach, aber »DAS IST VERDAMMT NOCH MAL MEIN JOB!«, schreie ich innerlich und sehe Inga, Sam, Jörg und Chris den Regis-

seur an, der gerade zu uns gestoßen ist. Er schnippt die Asche seiner Zigarette in den Wind und fragt Inga nach dem weiteren Drehverlauf. Sie reicht ihm die Disposition. Ich für meinen Teil habe noch drei Szenen und den Rest der angebrochenen zu drehen. Alle behandeln mich vordergründig normal, und dank meines offensiven Umgangs mit unserer Situation ist eigentlich alles ausgesprochen. Doch es schwingt etwas anderes mit – etwas, das ich erst im Nachklapp verstehen sollte. Man verstand nicht, was und warum ich gerade das tat, was ich tat. Denn ich verstand nicht, dass ich nicht hier sein sollte. Am Set. In meiner Figur des Ingo, den ich bereits seit neun Jahren spielte.

Es geht weiter.

»Ey, Ingo, wenn du Marian siehst ...«

Ich sehe Jörg an und höre, was er sagt, aber ich verstehe nichts mehr. Ich sollte jetzt etwas sagen, der Text ist präsent in meinem Kopf, aber die Worte wollen nicht herauskommen. Ich bin gerade nicht Ingo, sondern André, der auf einer Straße steht, die es nicht gibt. Ingo soll jetzt lachen, aber André sieht nur Jörg und Sam an und versteht die Welt nicht mehr.

Die beiden sprechen mit mir. Inga kommt dazu und sagt auch etwas. Chris nimmt mich bei der Hand und erklärt den Dreh für unterbrochen. Dieses Mal ist es kein Flieger, keine Probleme an Kamera A oder B. Dieses Mal ist es André, der nicht mehr kann und es als Letzter bemerkt hat.

Ich verlasse mit Chris das Set, und wir gehen zu Fuß zu den Büros und Studios. »Du musst nicht hier sein, André. Verdammt. Du musst jetzt bei deiner Familie sein.«

»Aber ich will doch, dass alles normal bleibt, und es hat sich doch nichts geändert. Mir geht es gut ...«

»Dir geht es überhaupt nicht gut, das kann jeder sehen. Du musst das hier nicht tun.«

Wir treffen Tina, ebenfalls Regisseurin und Freundin, die die Situation sofort begreift, da wir morgens bereits miteinander gedreht hatten und sie über alles Bescheid wusste. »Ich habe eben mit Annet-

te über deine Situation gesprochen. Du musst ein paar Tage raus.«
Sie nimmt mich in den Arm, und ich habe das Gefühl, ich müsse sie trösten, obwohl sie genau das gerade mit mir tut.

Ich stehe in meiner Garderobe und schaue in den Spiegel. Ich habe doch alles im Griff! Ich muss mich doch auch um meinen Job kümmern!

Es klopft. Annette, unsere Chefin, kommt rein. »Ich fahre dich jetzt mit deinem Auto nach Hause.«

»Du? Mit meinem Auto? Aber wie willst du denn wieder zurückkommen?«

»Siehst du, André, genau darin liegt dein Problem. Du musst dich jetzt endlich um dich und deine Familie kümmern. Wir kümmern uns um den Rest. Es wird nicht einfach, aber wir schreiben jetzt alles um, und du bleibst mindestens die nächsten zwei Wochen zu Hause. Mach dir keinen Kopf um die Produktion. Das hier ist nur Fernsehen!« Ich sehe Annette an und will etwas sagen, aber es kommt nichts. Dann werde ich überwältigt. Von mir selbst, von meinen Gefühlen, von allem, was sich über die letzten Wochen angestaut hat. Ich weine, wie ich schon längst hätte weinen sollen. Ich fange mich und will etwas sagen, aber es geht nicht. Ich weine, still, aber heftig. Ich habe keine Worte mehr. Und es sind auch keine mehr vonnöten.

»KÖNNTE DAS EIN IMPFSCHADEN SEIN?«
NOVEMBER 2015

SHARI Wir haben kurz nach drei und ich bin auf dem Weg zum Kindergarten, um unseren Sohn abzuholen. Im Geschwisterkinderwagen vor mir schiebe ich Mari und ihre kleine Schwester, beide habe ich gerade aus ihrem Mittagsschlaf geweckt. Mit einem Trinkpäckchen in der Hand genieße ich den Weg durch den Wald. Ein milder Tag mitten im November. Mir gefällt die Vorstellung, dass ich trotz aufkommendem Winter den Nachmittag mit den Kindern an der Luft verbringen kann. Mit Kleinkindern ist so ein Tag im November einfach eine Herausforderung: früh dunkel, alles kalt und nass. Ewiges An- und Ausziehen und totales Chaos im Haus, weil alle Spielzeuge und jedes Zimmer bespielt werden. Da sind ein paar Sonnenstrahlen und ein Spaziergang durch den Wald zum Kastanien- und Blättersammeln eine willkommene Abwechslung.

Kurz vor dem Kindergarten kommt mir eine Nachbarin entgegen. »Geht es euch gut?«, fragt sie mich.

In unserem Dorf leben viele andere Familien, Paare und auch alleinstehende Leute. Ich würde sagen, es ist die Art von Nachbarschaft, die ich mir immer gewünscht habe. Jeder macht sein Ding. Man findet nicht alles gut, was die anderen machen, aber man kommt gut damit klar. Man ärgert sich auch mal über die Nachbarn, ist auch mal genervt. Aber am Ende sind wir Freunde und übernehmen Verantwortung füreinander. Für die Kinder, für alle Hunde und Katzen, für die Notversorgung mit Lebensmitteln oder für Häuser, Pflanzen und Post während der Urlaube. Und füreinander. Sei es, weil jemand Hilfe braucht und krank ist, oder weil man einfach mal einen Partner für gute Gespräche braucht.

Ihre Frage nehme ich sehr ernst. Weil ich weiß, dass sie sich wirklich für uns interessiert und es keine dieser Floskeln ist, die man unter Bekannten gedankenlos austauscht.

»Wenn ich ehrlich bin: gerade nicht sehr gut.« Mir kommen sofort die Tränen. »Ach herrje, Shari«, sagt sie, »was ist los?« Unser Hund wuselt um uns herum, und wir machen den Weg frei für einen Radfahrer, der passieren möchte. »Wir waren bei einem Genetiker und haben für Mari endlich eine Diagnose.« Sie steht neben Mari am Kinderwagen, nimmt ihre kleine Hand und hört mir interessiert zu. Unter immer wieder kullernden Tränen erzähle ich ihr vom Angelman-Syndrom. Ich versuche, die Fassung zu bewahren, und wische mir die Tränen aus dem Gesicht. Ich erzähle ihr, dass Mari niemals sprechen lernen und immer auf dem Entwicklungsstand eines Kleinkinds bleiben wird. Dass nur wenige dieser Kinder das Laufen lernen, sie aber zum Glück eine normale Lebenserwartung haben. Ich bete meinen Diagnosetext runter. Ich habe das in den letzten Tagen und Wochen so oft gemacht und bin geübt darin, auch wenn ich auf die Tränen dabei noch nicht verzichten kann. Ich gehe auf alle typischen Fragen ein, ohne dass sie gestellt werden müssen. So ist das Wichtigste vorneweg geklärt. Sie kann mir dabei nur bedingt folgen, das bin ich schon gewohnt. Weil ich so schnell rede und weil es so viele Informationen sind. So viele unglaubliche Dinge, die einen schnell überfordern. Ich habe schon erlebt, dass mir die Leute anschließend Fragen stellten, die ich eigentlich schon beantwortet hatte. Weil sie es nicht verstanden haben oder weil sie einfach nicht wussten, wie sie reagieren sollten. Weil sie empathisch sein wollten.

Als ich fertig bin, holt sie tief Luft. Sie lässt Maris Hand los und streichelt mir über den Arm. Ihre Augen sind glasig. »Könnte das ein Impfschaden sein? Habt ihr darüber schon nachgedacht?«

Die Menschen sind verschieden. Eine Familie in unserer Nachbarschaft fährt gerne in den Campingurlaub, die anderen machen lieber Hotelurlaub. Die einen verbringen ihre Freizeit mit Gartenarbeit, die anderen machen lieber ausgiebig Sport. Ordentlich vs. unordentlich. Homöopathie vs. Schulmedizin. Wir wohnen ja nicht deshalb alle im selben Dorf, weil wir alle ähnliche Ansichten haben. Sondern weil wir, aus welchem Grund auch immer, hier unser Zuhause gefunden haben. Wir versuchen alle, uns für die Meinung des anderen zu interessieren. Passt sie uns nicht, müssen wir sie dennoch akzeptieren. Uns vielleicht zurückziehen. Was uns verbindet, ist die Nachbarschaft.

Mir fehlt es oft an Feingefühl. Meine Freunde wissen das und unsere Nachbarn auch, denke ich. Es sprudelt manchmal einfach so aus mir heraus, ohne dass ich nachdenke. In diesem Moment wird mir klar, wie sich Leute wohl fühlen, wenn ich mal wieder nicht nachdenke, bevor ich etwas sage. Wenn ich ihnen beispielsweise sage, dass mir ihr neues, langerspartes Auto so gar nicht gefällt. Oder dass ich ihre Mutter getroffen habe und erschrocken war, wie alt sie geworden ist. Die Leute gucken dann oft fassungslos, und es tut mir im Nachhinein meistens leid.

Jetzt bin ich es, die ebenso fassungslos wie entsetzt und wütend über diese Frage unserer Nachbarin ist. Ein Impfschaden? Ist das ihr Ernst?

Ich bin fassungslos darüber, dass diese Frau, die mir hier gerade gegenübersteht und sieht, wie schlecht es mir geht, André und mir die Schuld daran geben möchte, dass unsere Tochter Mari kein normales Leben führen kann. Ich bin entsetzt, dass es scheinbar immer noch Menschen gibt, die sich mit Händen und Füßen gegen Wissenschaft und Forschung wehren. Die ihre eigenen und andere Kinder bewusst in Gefahr bringen. Ich bin wütend, dass diese Frau nicht nachgedacht hat. Einfach etwas gesagt hat, ohne nur eine Sekunde darüber nachzudenken, wie absurd diese Frage ist.

Ein genetischer Defekt kann kein Impfschaden sein.

ICH GLAUB NUR AN DIE LIEBE

OKTOBER 2015 – HEUTE

ICH GLAUB NICHT AN ALLES
WAS MIR GEFÄLLT
ICH GLAUB NICHT AN MACHT
ICH GLAUB NICHT AN GELD
ICH GLAUB NICHT ALLES
WAS IRGENDWO GESCHRIEBEN STEHT
ICH GLAUB NICHT AN EIN LEBEN
IN EINER EIERLOSEN WELT

ICH GLAUBE AN NICHTS
WAS UNSER LEBEN VORBESTIMMT
ICH GLAUB NICHT DASS DRECK
IMMER OBEN SCHWIMMT
ICH GLAUBE AN NICHTS
WAS ICH NICHT SEHEN UND FÜHLEN KANN

ICH GLAUB NICHT DASS AUSSEHEN
DEN CHARAKTER BESTIMMT

ICH GLAUB NUR AN DIE LIEBE
ICH GLAUB NUR AN DIE LIEBE
ICH GLAUB NUR AN DIE LIEBE
SONST NIX

ICH GLAUBE NICHT AN ENTHALTSAMKEIT
ICH GLAUB NICHT AN HASS
ICH GLAUB NICHT AN STREIT
ICH GLAUB AN KEINEN
DER AUF RACHE SINNT
ICH GLAUB WIR SIND EINFACH
NOCH NICHT SO WEIT

ICH GLAUB NICHT AN DIE
ILLUSION DER PERFEKTION
ICH GLAUB NICHT AN DEN HIMMEL
ODER 'NE RELIGION
ICH GLAUBE NICHT
DASS UNSER LEBEN IN DEN STERNEN STEHT
DOCH AN DICH UND MICH
GLAUB ICH SCHON
DENN

ICH GLAUB NUR AN DIE LIEBE
ICH GLAUB NUR AN DIE LIEBE
ICH GLAUB NUR AN DIE LIEBE
SONST NIX

ANDRÉ Was soll man schon sagen in solch einer Situation? Na, das hier zum Beispiel:
»Mari hat sich die richtige Familie ausgesucht.«

So ein netter Satz. So gut gemeint und tatsächlich so wahr.

»Ihr packt das!«, steckt da drin, aber auch: »Verdammt, ich weiß nicht, was ich sagen soll.«

Dieser Satz ist für uns das, was »Andere Mütter haben auch hübsche Töchter« für gebrochene Jungsherzen ist. Aber irgendwie steckt da auch ein Gedanke drin, der mir fremd ist. »Ausgesucht«? Wann, wie, wo und mit welchen Informationen soll Mari diese Wahl bitte getroffen haben?

Ich glaube nicht an das Schicksal, die Sterne oder einen Gott. Ich glaube, dass die Dinge sind, wie sie sind.

Aber der Grundgedanke des Karma ist mir trotzdem sympathisch: Wenn man positiv ist und gute Dinge tut, werden einem mehr gute Dinge widerfahren als jemandem mit einer negativen Grundhaltung. Allerdings hat das meines Erachtens mit unserer Außenwirkung zu tun, die sich in unserem Handeln widerspiegelt, und nicht mit einer höheren Energie.

Ich halte Shari und mich für positive, freundliche Menschen, die viel Gutes tun – ob andere es nun mitbekommen oder nicht (ja, okay, jetzt bekommen es gerade alle mit). Aber warum haben wir dann zwei der seltensten Kinderkrankheiten abbekommen, die es gibt?

In Momenten der Trauer, am dunklen Ende der Straße, im tiefsten Tal stellt man sich diese Warumfrage unweigerlich – und das Thema »Schicksal« schwingt dann immer mit, ob man an so was glaubt oder nicht.

Shari hat es sich gefragt, ich habe es mich gefragt, und auch meine Schwester, nachdem ich ihr von der Diagnose erzählte, fragte mich: »Warum wir? Was haben wir denn getan? Haben wir oder du nicht schon genug mitgemacht?« Sie meinte damit den Tod unserer Eltern und die Analatresie unseres Sohnes. Und jetzt noch, gegen jede statistische Wahrscheinlichkeit, die zweite extrem seltene Beeinträchtigung.

Ja, warum?

Weil Mari oder ihr süßes Seelchen uns auserwählt hat?

»Mari hat sich die richtige Familie ausgesucht.«
Bitte nicht falsch verstehen: Der Satz hat absolut seine Berechtigung, und ich bin weder jetzt noch in Zukunft sauer oder genervt über diese Aussage. Ich freue mich sogar darüber, weil es ein Kompliment ist.
Allerdings beinhaltet dieser Satz den ewigen Versuch, zu erklären, was nicht zu erklären ist.
Warum ich, warum wir, warum die? Diese Fragen – die übrigens meistens im Unglück gestellt werden und (zu) selten im Glück – enthalten die letzten Reste eines veralteten Gottesbildes. Sie sind so etwas wie der Restalkohol des Glaubens.
Nehmen wir an, es gäbe einen Gott: Warum genau sollte er noch mal gewisse Dinge tun? Uns Leid zufügen? Nur damit wir Glück umso intensiver erfahren können? Komm schon, Christentum!

Und die Fragen wärmen auch das Wiedergeburtsüppchen mit Karmaschinken auf: Weil du in deinem letzten Leben so viel Mist gebaut hast, gibt's jetzt aufs Maul! Du kannst dich nicht daran erinnern? Sorry!
Verrückterweise hat der Mensch aus unserer Familie, der wohl den tiefsten (katholischen) Glauben innehat, im Zusammenhang mit Maris Diagnose kein einziges Wort über Gott oder irgendwelche überirdischen Zusammenhänge fallen lassen. Sharis Onkel Christoph wiederholte nur fortwährend den Satz: »Es ist nicht scheiße, sondern anders!« Geradeheraus, ohne Umschweife. Immer wieder. Wie ein Mantra! Gefüllt mit intelligenten und lebensnahen Beispielen, warum das so ist, und der Prophezeiung, dass wir es packen werden.
Aus meiner Sicht besteht Religion aus den Geschichten, die wir Menschen erfunden haben, um Unerklärliches zu erklären. Und dazu aus sozialen Regeln, die sich besser durchsetzen lassen, wenn sie mit einem »Übersinnlich«-Etikett versehen werden. Wer ertragen kann, dass wir Menschen bestimmte Fragen nicht beantworten können, weil sie jenseits unserer Erkenntnismöglichkeiten liegen, und wer eine humanistische Ethik vermittelt bekommen hat, der braucht meines Erachtens keine Religion.

Wenn ich für etwas keine Erklärung habe, dann suche ich sie. Wenn ich sie nicht finde, suche ich weiter danach. Ich leide nicht unter der Ich-glaube-schon-dass-da-irgendwas-ist-Krankheit:
»Ich glaube jetzt nicht unbedingt an DEN Gott, aber ich glaube schon, dass da was sein muss ...« Puhhh. Warum eigentlich?
Aber was glaube ich eigentlich? Und warum machen mich all diese Religionen so grummelig?

Kennt ihr Prinzessin Alice?
Ich habe mal einen *SPIEGEL*-Artikel über die Frage »Warum glaubt der Mensch?« gelesen. Mich interessiert die Frage sehr. Nicht, weil ich zweifle oder wanke. Aber ich bin einfach fasziniert von der Hingabe vieler Menschen an etwas, das evolutionstechnisch insofern keinen Sinn ergibt, als viele Völker viel Zeit und Energie in etwas steckten und stecken, was es de facto nicht gibt und das keine erklärbaren Ergebnisse erzielt. Das ist etwa so wie superteures Superdiesel tanken oder Globuli nehmen. Oder andersherum: nicht impfen, weil man mehr an den statistisch fast ausgeschlossenen Impfschaden glaubt als an die Rettung von Millionen Leben und den Sinn der »Durchimpfung« einer Bevölkerung, also der Herdenimmunität.

Aber zurück zu Prinzessin Alice: Forscher haben ein paar Kinder in einen Raum gesteckt, ihnen etwas zum Spielen gegeben und sie gebeten, nicht damit zu spielen. Kaum haben die bekloppten Erwachsenen den Raum verlassen, haben die Kinder WAS getan? Sich den Kram genommen und gespielt.

In einer zweiten Versuchsreihe hat man dasselbe getan – nur hat man den Kindern vor Verlassen des Raumes erzählt, dass eine gewisse Prinzessin Alice, ein Geist, unsichtbar durch den Raum schwebt und alles sieht.

Nur wenige haben sich getraut, das Spielzeug zu benutzen. Sehr wenige!

Ich wäre wahrscheinlich eins der hörigen Kinder gewesen, denn mich hat der katholische Glaube auch sehr beeinflusst in meiner Entwicklung. Und nicht nur einmal habe ich mich noch als Heranwachsender gefragt: »Verdammt, hat der da oben das jetzt gesehen?« Um dann zur Sicherheit abends ein paar Vaterunser hinterherzuschieben. Es war einerseits ein beruhigender Gedanke, dass da jemand über uns wacht, andererseits fühlte ich mich beobachtet und etwas unter Druck gesetzt.

In der 10. Klasse wurde ich dann gebeten, den katholischen Religionsunterricht zu verlassen, nachdem ich zu viele Fragen zur »Offenbarung« hatte und argumentierte, dass der Teufel ganz offensichtlich eine Erfindung des Menschen sei, um mit dem strafenden Gott aus dem Alten Testament aufzuräumen und das Profil von GOTT II aus dem Neuen Testament zu schärfen und damit noch massentauglicher zu machen. GOTT – jetzt nur noch gut!

Mein Vater hat sich immer sehr für Religion interessiert, war jedoch nicht gläubig. Als ich etwa zwölf Jahre alt war, hat er mir vorsichtig erklärt, dass es bestimmt einen charismatischen Menschen namens Jesus gab, dieser aber ebenso bestimmt nicht übers Wasser gehen oder Wasser in Wein verwandeln konnte.

Meine Mutter war da schon gläubiger, und ich musste zumindest ab und an mit ihr die Messe besuchen. Es hat mich einfach nur genervt, denn nur um das Andenken an ihre Mutter, meine Oma, zu bewahren, musste ich doch kein fast einstündiges Ritual durchexerzieren. Ich hatte so viele Ideen, was man stattdessen machen konnte.

So wählte ich also früh den Weg meines Vaters. Der endgültige Bruch mit der Kirche kam dann 1999. Meine Mutter lag im Sterben, und ich wusste auch, es würde bald passieren, aber ich wollte einfach nicht, dass dieser Moment käme. Sie lag nur noch da, und obwohl wir viel mit ihr sprachen, kam keine Reaktion mehr. Ich hoffe bis heute, dass sie auch keine Schmerzen mehr verspürte. Trotzdem: Aufgeben war noch nie so mein Ding.

Irgendwann kam ein Geistlicher ins Zimmer und sagte, er wolle jetzt die letzte Ölung vornehmen. Ganz unbefangen sagte ich ihm, dass sie noch nicht tot sei und das bestimmt auch noch etwas dauere und ich sie noch nicht aufgegeben habe. Er beruhigte mich und sagte, das sei etwas sehr Schönes, Positives, Optimistisches.

Da meine Mutter es bestimmt gewollt hätte, stimmte ich zu und blieb im Zimmer. Dann begann er meine Mutter von dieser Welt zu verabschieden und sie schon einmal im Himmelreich anzumelden. Selbst wenn ich an Paradies, Himmelreich und Seelenwanderung geglaubt hätte – ich war einfach noch nicht so weit, es »offiziell« zu machen. Diese kurze, intime Messe war für mich eine einzige Farce und so negativ, dass ich sofort nach dem Tod meiner Mutter aus der Kirche austrat und in Kauf nahm, dass mein Geld seither nicht mehr für gute Zwecke oder auch ein Design-Domizil in Limburg ausgegeben werden kann.

Der Tod meiner Mutter markierte den endgültigen Abschluss meiner glücklichen Kindheit und Jugend. Ich war zu diesem Zeitpunkt 23, hatte zwei Jahre zuvor kurz vor dem Abitur die Schule abgebrochen, wohnte seitdem in Köln, arbeitete als Schauspieler für die Serie »UNTER UNS« und verdiente dadurch für mein Alter sehr viel Geld, das ich umgehend wieder in Partys, Restaurantbesuche und Mädchen investierte. Der Tod meiner Mutter machte aus diesem Heiopei einen Mann, der zwar immer noch voller Humor und Glück war, aber dieses Quäntchen Trauer mit sich herumschleppte. Es folgten insgesamt schwere Zeiten.

Hohe Schulden. Keine Jobs mehr. Armut. Eine verhängnisvolle Liebe. Ein gespaltenes Verhältnis zu meinem Vater, der mir wohlgemerkt mit meiner Mutter zusammen die schönste Kindheit beschert hat, die man sich vorstellen kann.

Dann kam sein ebenfalls viel zu früher Tod – gerade als wir uns wieder angenähert hatten. Ich lebte plötzlich ein Leben voller Entbehrungen und Ohrfeigen. 2006 kam ich so langsam wieder auf die Beine, begann, wie erwähnt, meine Schulden zurückzuzahlen und schaffte es, mithilfe meiner Freunde und meiner Familie, vor allem durch meine Schwester und meinen Schwager, wieder auf die Beine zu kommen. Aber eben aus eigener Kraft – und keiner höheren Macht folgend.

Ein Freund und Kollege war praktizierender Buddhist und erzählte mir immer wieder von seiner Art des Buddhismus. Ich fand es interessant und wollte es mir mal anhören, also hörte ich mir einen Vortrag seines Obergurus an. Ich nenne ihn Oberguru. Er nennt sich Lama. Aber soviel ich heute weiß, darf er das noch nicht einmal. Sein Vortrag fand in einer Universität statt, weswegen ich davon ausging, dass er Hand und Fuß haben musste.

Ich habe selten so viel Mist gehört! Ich habe selten einen Typen gesehen, der sich so geil vorkam und dadurch automatisch so viel mit Buddhismus zu tun hatte wie ein Vergewaltiger mit Feminismus. Er war ein Chauvinist, machte sich über andere Religionen lustig und erzählte, wie er die Seele eines Freundes, der gefangen gewesen sei zwischen Leben und Tod, wie einen Football per Touchdown auf die andere Seite gebracht habe (vielleicht hat er auch Nirwana gesagt).

Beim gemeinsamen Mantrasingen fragte ich mich mal kurz, ob ich hier der Idiot war, denn ALLE anderen 200 Menschen im Saal saßen da mit geschlossenen Augen und folgten dem Irren. Mein Freund Klaus hatte ebenfalls die Augen geschlossen – allerdings weil er eingeschlafen war! Die coole Sau! Das Lama starrte mich an, und ich starrte zurück und wollte ihm zeigen: nicht mit mir, du Idiot!

Als es dann zur Segnung (!) ging (ich wusste bis dato nicht, dass ein Buddhist andere Buddhisten, oder was auch immer die waren, segnen kann), wurde es mir zu bunt. Ich weckte Klaus und verließ mit ihm den Saal. Bier gab es natürlich keins, sondern nur unfassbar teure Accessoires von »das LAMA«. Überhaupt schien dieser Glaube sehr auf Materialismus zu fußen. Mir war schlecht und ich war sauer.

Dann gibt es noch die Leute, die einem immer wieder mit den Sternen kommen. Vor allem Frauen fragten und fragen immer wieder nach meinem Sternzeichen, und wenn sie dann merken, dass die Beschreibung, die landläufig zum KREBS passt, bei mir so gar nicht zutrifft, fragten sie nach meinem Aszendenten und haben sofort die Erklärung parat: »Ah, Krebs, Aszendent Löwe, jetzt ist alles klar! Jetzt macht es Sinn.«

Macht es nicht. Dass die Astrologie ein komplett von der Wissenschaft widerlegter Aberglaube ist, scheint manche Leute nicht zu interessieren. Nur weil die Sterne von der Erde aus gesehen bestimmte Konstellationen darzustellen scheinen (eine Galaxie weiter sähe alles total anders aus), haben sie doch keine Wirkung auf unser Leben! Meine Lieblingsgeschichte ist die von dem Uniprofessor, der seinen Studenten individuelle, wissenschaftlich fundierte Horoskope vorlegte, in denen sich am Ende etwa 95 Prozent seiner Studenten selbst wiedererkannten. Sie waren völlig erstaunt über seine Genauigkeit. Die Pointe ist: Die Dinger waren weder individuell noch wissenschaftlich fundiert, sondern so allgemein gehalten, dass sich jeder darin wiederfinden konnte. Und: Er hatte allen denselben Schrott vorgelegt. Egal, ob sie Skorpion oder Jungfrau waren. Alle fühlten sich persönlich angesprochen.

Wo Christen und andere Gläubige immerhin einen Zusammenhang im Weltgeschehen und einen Trost suchen, suchen Astrologieanhänger am Ende wahrscheinlich nur sich selbst. Ihnen wäre mit einer Therapie oder einer Psychoanalyse zweifellos besser geholfen.

Eine Freundin sagte mal zu mir: »Wie kannst du nur darüber urteilen? Probier es doch einfach mal!« Arrogant, wie ich bin, antworte ich: »Muss ich nicht, ich weiß ja, dass es Quatsch ist. Aber ich gebe dir einfach mal die Daten eines Menschen mit, der dir völlig unbekannt ist, und dann soll deine Astrologin mir mal etwas über ihn erzählen.«

Wir haben nie wieder über die Sterne gesprochen. Und es tut mir bis heute leid, ihr so nahegetreten zu sein, dass sie sogar in Tränen ausbrach. Wenn du das liest: Ich habe dich mit und ohne Sterne lieb!

Das war es mit meinen religiösen/esoterischen Erfahrungen. Doch mein Interesse an der Geschichte, Entstehung und Auswirkung von Religion bleibt. Ich bin mir sicher in meiner Haltung und glaube nur an eine Sache, die für alle Zeiten unerklärlich sein wird: die Liebe.

Die Liebe ist das Einzige, das meinem Verstand das Genick brechen kann. Und so hat Maris Diagnose uns einerseits das Genick gebrochen und uns andererseits in unserer Liebe gestärkt, uns die Liebe unserer Freunde und Familie mit voller Wucht gezeigt und die Liebe zu all unseren Kindern und den kleinen und großen Freuden des Lebens auf ein neues Level gehoben. Sie hat unsere Sinne geschärft und unser Glück neu definiert.

Also: JA! Mari hat sich die richtige Familie ausgesucht. Aber viele andere sind an so einer Diagnose oder einer Krankheit ihres Kindes zerbrochen. Und das macht die Aussage, so nett sie gemeint ist, am Ende doch falsch.

Recht behält am Schluss eher ein Typ namens Shakespeare, der sagte:

»Ein tiefer Fall führt oft zu höherem Glück.«

AM ANSCHLAG

»BRING MIR DAS VALIUM!«

MÄRZ 2016

ANDRÉ »Sie ist schon wieder wach …«
»Gehst du mit ihr in den Keller?«
»Ich kann nicht mehr!«
»Ich auch nicht …«
»Ich gehe.«

Wir schlafen kaum noch. Wer von uns welchen dieser Sätze gesagt hat, ist austauschbar. Vor der Diagnose wussten wir nicht, dass Mari Melatonin fehlt. 2015 sind wir mit unserem Ältesten und Mari nach Ägypten geflogen. Mari war 25 Stunden am Stück wach! Ich meine wirklich 25 Stunden. Kein kurzes Nickerchen, kein erschöpftes Nachgeben, wie man es von anderen Kindern kennt. Sie war hellwach und hat uns (und sich selbst?) einen unfassbar anstrengenden Flug und eine noch anstrengendere Autofahrt durch die Wüste beschert. Niemand hat uns das damals geglaubt. Jeder hielt solch eine lange Wachphase eines einjährigen Kindes für unmöglich.

Mari hatte Probleme mit dem Einschlafen und wurde meist gegen drei Uhr nachts wach. Wir nahmen sie aus ihrem Bettchen, damit sie die anderen Kinder nicht weckte, und einer von uns ging dann mit ihr in den Keller. Wir verstanden nicht, warum sie in unseren Armen nicht wieder einschlief. Sie lag auch nicht ruhig neben uns, sondern kletterte auf uns herum, zerrte an unseren Ohren, Haaren, Lippen. Stöhnte. Knatschte. Schlug uns ins Gesicht und auf andere Stellen (schon wegen dieser Schläge wundere ich mich, dass ich überhaupt noch zwei weitere Kinder zeugen konnte …). Ausgelaugt von vielen Nächten ohne Schlaf, schrien wir sie manchmal an, was sie zum Weinen brachte – und uns danach auch. Was Schlafentzug in einem Menschen auslösen kann, ist unglaublich. Eine von ihren Kleinkindnächten erschöpfte Freundin sagte mal zu mir: »Jeden anderen Menschen, der einem so etwas antut, würde man töten. Das ist Folter.« Alle Eltern können ein Lied davon singen – Eltern von Angelman-Kindern aber ganze Opern.

Irgendwann hatten wir die Diagnose. Man prognostizierte auch eine Epilepsie. Ich denke, die Aussage der Ärzte, dieses Schicksal treffe drei von vier Angelman-Kindern, war sogar noch zu vorsichtig formuliert. Ich denke, es sind mehr. Und trotzdem hofften wir lange, wir seien Nummer vier. Wir behielten das mit der Epilepsie im Hinterkopf, glaubten aber ab einem gewissen Zeitpunkt nicht mehr daran, dass es Mari treffen würde.

Dann kam der erste Anfall. Natürlich aus dem Nichts. Mari wachte früher aus ihrem Mittagsschlaf auf als normalerweise. Shari rief mich, weil sie bemerkt hatte, dass sich Mari in ihrem Bettchen übergeben hatte. Wir verstanden schnell, dass das, was wir da sahen, keine Schlaftrunkenheit war. Mari war anders als sonst. Vor allem das Lachen fehlte. Dann begann sie sich auf meinem Arm zusammenzukrampfen, wie ein Klappmesser. Ich legte sie vorsichtig auf den Boden und räumte alles aus dem Weg, woran sie sich wehtun könnte. Shari weinte. »Bring mir das Valium!« Shari sah mich fragend an. »Bring mir bitte das Valium! Jetzt!« Sie verließ das Zimmer. »Ruf den Notarzt!«, schrie ich hinterher. »Wie ist die Nummer?« – »112!« – »Das ist die Nummer der Feuerwehr!«, sagte sie seltsam ruhig. »Nein. Wähle 112. Jetzt. Und sag ihnen, sie sollen sofort kommen. Unsere Tochter hat einen epileptischen Anfall.«

Insgeheim, trotz all meiner irrationalen Hoffnungen und Leugnungen, hatte ich mich für diesen Moment gerüstet. Aber nichts hat mich auf diesen Anblick vorbereitet, auch wenn es bereits eine seltsame Parallele in meinem Leben gab.

»MAMA, WAS IST MIT DIR?«

JANUAR 1999

ANDRÉ Ich öffne die Haustür und will mich durch den Flur schleichen, um meine Eltern nicht zu wecken. Ich bin mal wieder in Koblenz, weil es meiner Mutter nicht gut geht und mein Vater Hilfe in der Kneipe braucht, die er führt. Nachdem ich den Nachmittag mit meiner Mutter verbracht und danach meinem Vater geholfen habe, bin ich noch mit ein paar Freunden etwas trinken gewesen. Na ja, »etwas« ging damals noch nicht. Und so betrete ich gegen fünf Uhr morgens stark alkoholisiert die Wohnung meiner Eltern. Doch irgendetwas stimmt nicht. Ich höre hinter mir leise Geräusche. Also gehe ich zurück durch den Flur, zu einer Toilette, die wir eigentlich nicht als solche benutzen. Es ist eher eine Abstellkammer. Die Tür ist einen Spalt breit geöffnet und das Licht brennt. Ich stoße vorsichtig die Tür auf und sehe meine Mutter. Sie sitzt auf der Toilette und schaut mich hilflos an wie ein Kind. Ich gehe langsam zu ihr und setze mich auf den Badewannenrand. »Was machst du hier, Mama?« Sie sieht mich nur an und schürzt die Unterlippe. »Mama?« Ich bin urplötzlich nüchtern. Sie antwortet nicht und sieht mich an, als hätte sie selbst keine Antwort auf diese Frage. »Komm, ich bringe dich ins Bett.« Sie reagiert nicht. Dann beginnt sie etwas zu sagen. Aber ich verstehe kein Wort. »Mama? Was ist mit dir?« Nachmittags hatten wir uns noch unterhalten. Sie war sehr schwach, aber voller Hoffnung, diesen verschissenen Krebs besiegen zu können. Jetzt verstehe ich kein Wort mehr von dem, was sie sagt. »Ich bringe dich jetzt ins Bett. Komm.« Ich packe sie unter dem Arm und helfe ihr hoch. Sie steht zwar, aber sie regt sich weiterhin nicht. Ich ziehe ihr die Unterhose hoch und spüle, obwohl die Toilette leer ist. Wir kommen in den Flur. Und dann entgleitet sie mir. Sie fällt einfach zu Boden, direkt auf die kalten harten Fliesen. Ich kann ihren Kopf noch abfangen. Ich schreie nach meinem Vater und ziehe sie währenddessen auf einen Teppich, der im Flur liegt. Mein

Vater kommt schlaftrunken dazu und verliert völlig die Fassung. »Ruf einen Krankenwagen!«, schreie ich. Er stottert herum und läuft ziellos durch die Wohnung, um das schnurlose Telefon zu suchen. »Im Büro. Das andere Telefon!«, rufe ich ihm zu. »Welche Nummer?«, fragt er seltsam ruhig. Viel zu ruhig. »112! 112! Was denkst du denn?« – »112 ist doch die Feuerwehr!« Ich kann es nicht fassen. Meine Mutter beginnt zu kollabieren. Sie verdreht die Augen und ihr Körper bebt. Ich höre meinen Vater stammeln. Immerhin bekommt er unsere Adresse heraus. Mehr kann ich nicht hören. Ich renne zu ihm, entreiße ihm den Hörer und schreie den Mann am anderen Ende an, er solle jetzt sofort einen Wagen schicken. Meine Aussagen sind gespickt mit Flüchen und Kraftausdrücken. Ich kompensierte damit meine Wut auf meinen Vater. Ich bin zwar 23, aber trotzdem: Ich bin doch hier das Kind! Aber ich funktioniere.

Woher auch immer diese Stärke und Ruhe in absoluten Krisenmomenten kommt, ich hatte sie in diesem Moment – und habe sie bis heute behalten. Dieser Blick meiner Mutter, als sie da auf der Toilette saß, dieser Blick von Mari, wenn sie uns entgleitet. Das Kollabieren meiner Mutter, die Anfälle ihrer Enkelin. Und ich der, der immer funktioniert und erst zusammenbricht, wenn alles überstanden ist. Meine Mutter war immer eine starke Frau, und diese Stärke habe ich einfach übernommen, als sie an diesem Morgen das Staffelholz abgegeben hat. Ich meine das nicht esoterisch, sondern rein psychologisch. Und ich sollte erst genau 20 Jahre später eine Frau treffen, die dieses Staffelholz übernehmen konnte und mir die Freiheit gegeben hat, auch mal schwach zu sein, wenn es brennt.

WER SCHNELLER LACHT, HAT SCHNELLER PAUSE

MAI 2016

SHARI »Alles in Ordnung?«, frage ich André, der gerade vom Tisch aufgestanden ist, um eine neue Butter zu holen. Er

verschließt den Kühlschrank und dreht sich mir zu. »Ich habe Sehstörungen.« Immer wieder legt er sich die Hände vor die Augen, um wirklich sicherzugehen, dass es sich hierbei um eine Aura handelt. Wir kennen das schon. Nach den Sehstörungen folgen Kopfschmerzen. Ein Migräneanfall. Ausgerechnet jetzt, ausgerechnet heute.
Es ist Samstagmorgen. Wir sitzen mit unseren drei Kindern beim Frühstück. Na ja, eigentlich sitzen nur die Kinder und wir springen um sie herum. »Mama, ich hab kein Glas. Ich will was trinken.« Uff! Gerade erst hingesetzt – und schon stehe ich wieder auf und gehe zum Schrank. Bisher habe ich nur Brote geschmiert und gefüttert, wenn ich dazu gekommen bin. Mich selbst auf mein so verlockend aussehendes Frühstücksei zu stürzen oder überhaupt etwas anderes in den Mund zu bekommen als einen heruntergefallenen, leicht angesabberten Brocken von einem der Kinderteller ist für beide Eltern nicht drin. Ich fühle mich wie zu Unizeiten, als ich gelegentlich in einem Café gejobbt habe. Nur waren dort die Gäste höflicher. Und die Bezahlung war besser. Außerdem konnte ich vor dem Arbeiten frühstücken und hatte zudem Kollegen, die mir zwischendurch ermöglicht haben, wenigstens mal auf die Toilette zu gehen oder etwas zu trinken. Mein Kollege aber liegt gerade im Bett, mit einem Migräneanfall.

Ich stelle das verlangte Glas auf den Tisch, während mein schöner Tee am anderen Ende des Tisches gerade den Stuhl runterläuft. Die Kleinste hat ihn umgekippt. Kalter Tee auf Tisch, Stuhl, Kind und Fußboden. Heißen Tee habe ich schon lange nicht mehr getrunken. Ein Glück. Ich sprinte also zum Waschbecken, schnappe mir einen Lappen und wische alles auf, während über mir gleichzeitig das soeben gelieferte Glas eigen- und einhändig aus einer vollen Flasche Apfelsaft befüllt wird. »Das geht doch schief«, rufe ich – wohl wissend, dass die Zeit nicht ausreichen wird, um das Ganze zu stoppen oder zu retten.

Dass unser Frühstück chaotisch ist, ist normal. Wie jede Mahlzeit bei uns, an der alle teilnehmen. Danach haben wir aber für gewöhnlich ein funktionierendes System, das das Chaos zumindest kurzzeitig begrenzt. André räumt den Tisch ab, ich ziehe die Kinder an und gehe mit ihnen und dem Hund eine Runde durch den Wald. Aber heute fällt André ungeplant aus – und ich spüre, wie nicht nur unsere Pläne für das Wochenende hinfällig werden, sondern auch unsere tägliche Routine. Tisch abdecken, Duschen, auf Toilette gehen. Normale Dinge, die ich nicht schaffen kann, wenn ich alleine verantwortlich bin. »Lass doch einfach mal fünfe gerade sein«, würde André jetzt bestimmt sagen, wenn er nicht stöhnend im Bett läge. Ich stelle die Teller in die Küche. Unter meinen Füßen klebt Ei. Das hat André noch vor dem Worst-Case-Szenario Migräneanfall geschafft: Rührei. Die Kinder haben sich gefreut. Dass das Chaos in Küche und Esszimmer dadurch noch größer ist und alles auf dem Boden klebt, ist jetzt leider mein Problem. Danke an die Migräne! Fünfe gerade sein lassen, das wäre es jetzt – aber es ist leider so gar nicht mein Ding. Ich habe das dringende Bedürfnis, hier zumindest mal unter dem Tisch zu saugen und idealerweise auch noch zu wischen. Und während ich den Tisch abdecke, räumt ein Kind seinen Kleiderschrank leer, das zweite klettert auf den Esstisch und lutscht Nutella von einem Messer und das dritte ist im Begriff, alleine raus auf die Straße zu gehen. Mit dem Hund, im Schlafanzug.

Ich merke, wie meine Hektik in Aggressivität umschlägt. »Du bleibst jetzt hier!« Mit Nachdruck schließe ich die Haustür und renne ins Bad. Die größten Feuer müssen zuerst gelöscht werden.

Unsere Kinder sind total lieb. Sie hören auf das, was wir ihnen sagen. Und trotzdem: Es sind Kinder. Meine Stimme wird zunehmend lauter, und ich verbiete Dinge, die für gewöhnlich überhaupt kein Problem darstellen würden. So sollte der Tag eigentlich nicht beginnen.

Und anstatt meinem Mann Verständnis oder Mitleid entgegenzubringen, baut sich großes Unverständnis auf. Könnte ich das jetzt? Mich einfach ins Bett legen, wenn ich wüsste, ich werde gebraucht? Sind Männer vielleicht einfach nicht belastbar? Krank war ich schon lange nicht mehr – und wenn, dann habe ich das überspielt. Gab es überhaupt schon mal einen Samstag, den ich krank im Bett verbracht habe? Auf jeden Fall nicht, seit wir Kinder haben.

Mein Weg zum Bad führt an seinem Bett vorbei. »Ich bin mit den Kindern gleich hier raus, dann hast du deine Ruhe.« Ich klinge viel zu bissig. Ich hatte noch keinen Migräneanfall und kann Kopfschmerz immer mit den üblichen Tabletten abstellen. Mir fehlt die Vorstellungskraft. »Ihr müsst nicht weg«, brummelt es unter der Bettdecke hervor. »Aber wie soll das gehen? Wie kannst du hier liegen und dich erholen, während hinter dieser Tür die Hölle los ist?« Ich merke, wie sich mein Unverständnis in Vorwürfen äußert. »Kannst du niemanden fragen, ob er dir hilft?«, fragt er mich. Ich zähle ihm alle Optionen auf. Nein. Es gibt leider keine Hilfe, die so spontan kommen könnte. »Okay. Gib mir fünf Minuten. Ich stehe jetzt auf und helfe dir.« Er ist eingeschnappt. Das macht mich noch wütender. »Wie kann das sein, dass ich immer alles alleine machen muss? Mit drei Kindern kann man sich nicht erlauben, krank zu sein. Versteh das endlich!« Wie eine Furie verlasse ich den Raum. Ich ziehe alle Kinder an und setze sie nacheinander ins Auto. André steht im Türrahmen. »Shari, wo willst du denn jetzt hin?« Er nennt mich nur in Extremsituationen bei meinem Namen. Er hätte mich auch Schlampe nennen können, das hat für mich den gleichen Stellenwert. »In den nächsten Baumarkt.« Der Indoor-Spielplatz ist bei Regen immer eine Option. Er schüttelt den Kopf und geht zurück in sein Bett. Ich überbrücke den Vormittag dann auch noch mit Waschanlage und Einkaufen. Alles ist extrem stressig, aber es funktioniert. Und ich habe die Gewissheit, dass mein Mann seine Ruhe hat. Weil ich ja weiß, dass er bei Migräne nichts dringender braucht. Und dass »Migräne« nicht das Fremdwort für »Faulheit« ist. Nach zwei Stunden sind wir zurück. Ich öffne die Autotür und lade alle Kinder aus. André hat uns gehört und kommt mir zur Hilfe. Er ist geduscht und angezogen. Ich reiche ihm ein Kind aus dem Auto an. »Geht es dir besser?« Er nickt. Ich bin erleichtert. Den restlichen Tag können wir also gemeinsam verbringen, auch wenn die Luft zwischen uns dicker nicht sein könnte. Wir reden nur das Nötigste miteinander.

Ich weiß, dass es an mir liegt, den ersten Schritt zu machen. Dafür brauche ich noch etwas Zeit, auch wenn wir beide es kaum ertragen können. Wir gehen in den Keller, um mit den Kindern zu schaukeln. Unten nehme ich seine Hand. »Ich nehme deine Entschuldigung an«, flüstere ich. Er lacht. Wir küssen uns.

Streit gehört nun mal zu einer Beziehung. Und man muss auch mal ungerecht sein dürfen. Und Fehler eingestehen können. Schweigen muss sein, auch mal laut werden. Am Ende ist es aber wichtig, über Dinge zu reden. Sagen, was falsch gelaufen ist, überlegen, wie man es besser regeln könnte. So kann man glücklich werden, glücklich sein und glücklich bleiben.

»WÄRE ES BESSER, EIN ANFALL WÜRDE SIE MITNEHMEN?«
MAI 2016

ANDRÉ Shari liegt mit Mari auf dem Bett. Es ist Mittag. Mari hat etwas Fieber. »Schon ungewöhnlich, dass sie jetzt schon so lange so ruhig in meinem Arm liegt!«

»Ja, aber ist ja auch kein Wunder. Sie hat letzte Nacht auch unfassbar wenig geschlafen.«

Als ob Maris Schlafverhalten solchen logischen Überlegungen folgen würde!

»Irgendwas ist seltsam, irgendwie anders!«

»Aaaaach Quatsch, alles gut! Das ist nur ein bisschen Fieber. Das geht vorbei.«

Ich meinte das so. Ich glaubte nicht an einen zweiten epileptischen Anfall. Man sagt ja, einmal ist keinmal. Und hatte das EEG nicht unauffällige Ergebnisse gezeigt und die Aussage »Keine Anzeichen für eine Epilepsie« erbracht?

Ich habe mir die Dinge schöngeredet, wie seinerzeit, als ich nicht glauben wollte, dass es sich um das Angelman-Syndrom handelt. Irgendwann verschwimmen die Grenzen zwischen Optimismus und Schöngerede mir leider öfter mal.

Immerhin: Dieses Mal war ich vorbereitet. Ein Notfallmedikament namens *Diazepam* lag als Rektiole im Kühlschrank bereit.

Mari lag in Sharis Arm. Ruhig wie selten. Ihr kennt das, wenn Kinder krank sind und an Mamas oder Papas Körper gekuschelt einfach nur so daliegen? Wir auch! Allerdings nicht von Mari. Zum ersten Mal lag sie einfach nur da; und Shari – trotz ihrer Ängste und des untrüglichen Mutterinstinkts, dass irgendwas passieren würde – genoss es.

Unser Kinderarzt kam zum Hausbesuch. Für ihn muss man das Wort cool neu definieren. Dr. Schuy ist ein pensionierter Kinderarzt, der bereits Shari als Kind behandelt hat. Er hat sich bereiterklärt, uns aufgrund von Maris spezieller Situation und der vielen Dietz-Kinder zu Hause zu besuchen und zu behandeln. Ja, die Tatsache, dass wir Privatpatienten sind, spielt dabei eine Rolle. Allerdings behandelt er außerdem ehrenamtlich Flüchtlingskinder am Kölner Flughafen und zusätzlich, seit 2010, bei den Maltesern in Köln Migrantenkinder ohne Krankenversicherung aus Südost-Europa und der ganzen Welt, womit unser schlechtes Gewissen, in einem ungerechten Gesundheitssystem bevorzugt zu sein, etwas entlastet wird, da sein toller humanitärer Einsatz unter anderem mit unserer Abrechnung finanziert wird.

Das alleine macht ihn noch nicht cool? Dann solltet ihr sehen, mit welcher Gelassenheit er einem Stall voller kranker Dietz-Kinder gegenübertritt und jeglichen Stress mit einem Schulterzucken und einem freundlichen Wort pariert. Der Mann ist um die 80 und fitter als die meisten 50-Jährigen, die ich kenne.

Dr. Schuy betrat also unser Schlafzimmer, und während Shari sich für die Unordnung entschuldigt und kurz aufsteht, um etwas zu holen, fühlt er mit der Hand Maris Körper ab – als plötzlich etwas eintritt, von dem wir gehofft haben, dass es nie wieder passieren würde und was wir in dieser Form noch nie gesehen haben.

Maris Körper versteift sich plötzlich. Ihre Pupillen bewegen sich gleichzeitig nach oben, bis sie fast unter den oberen Lidern verschwinden. Ihre Lippen sind leicht geöffnet. Ihr Hinterkopf ist so tief in die Matratze gepresst, dass ihre Schultern leicht angehoben sind. Dann eine vermeintliche Entspannung. Sie liegt flach auf der Matratze, doch sieht sie ganz leblos aus. Ihre Haut wird fahl, die Lippen verlieren an Farbe. Ich sprinte zum Kühlschrank, um 5 mg *Diazepam* zu holen. Wieder im Schlafzimmer, schaffe ich es, die Ruhe zu bewahren, öffne konzentriert die Rektiole und sehe Shari an, die mir gefolgt ist. Ich spüre ihre aufkommende Panik. »Geh bitte raus. Jetzt!« Sie reagiert nicht. »Geh. Raus. Bitte.« Sie geht.

Dieser Moment ist mir unglaublich präsent, und ich werde das, was ich in diesen Sekunden (!) empfand, nie vergessen. Ich hatte damit abgeschlossen, mein Mädchen, meine älteste Tochter jemals wieder lebend in den Armen zu halten. Dabei war ich völlig ruhig und wusste: Ich muss diese Trauer verschieben. Ich spielte zwei Szenarien durch: Wie bringe ich das ihrem großen Bruder bei, dass Mari tot ist? Und wie fange ich Shari auf? Wie gesagt, es handelte sich um Sekunden. Dann sah ich sie wieder daliegen und hörte Dr. Schuy zählen. Er war bei Minute zwei angekommen. Zwei Minuten? In diesem Zustand? Die Rektiole lag bereit in meiner Hand. Dr. Schuy zählte weiter. »Wir müssen ihr jetzt das Mittel geben!« – »Nein!«, antwortete Dr. Schuy bestimmt. »Wir sind noch in einem Zeitrahmen, in dem sie es selbst schaffen kann.« Mari sah aus, als sei sie bereits tot. Es gibt leider keine angenehmere Umschreibung für das, was ich sehen musste. »Wir müssen die Rektiole jetzt einführen und sie da rausholen«, sagte ich stoisch. »Warten Sie noch, Herr Dietz!«, sagte er freundlich und ruhig. »Nein!«, protestierte ich.

»Sie schafft das!«

Ich wollte ihm nicht noch einmal widersprechen. Aber dann wurde es unerträglich und ich hielt es nicht mehr aus. Ich konnte nicht untätig vor dem leblosen Körper meiner Tochter stehen und zählen und hoffen. Ich zog ihr die Hose aus, und Dr. Schuy sagte: »Ja, machen Sie!« Ich riss die Pampers auf, schmiss sie hinter mich und Dr. Schuy führte die Rektiole ein. Ich weiß noch, wie sehr mich die sofortige Wirkung des *Diazepam* beeindruckt hat. Mari kam schnell aus dem Anfall heraus, und ihre Wangen füllten sich wieder mit Leben. Spann mal drei Minuten lang alle Muskeln deines Körpers an. Betroffene, die im Gegensatz zu Mari von diesen Anfällen berichten können, sagen, dass die Anstrengung vergleichbar mit einem Marathonlauf sei.

Mari schläft ein und wir rufen den Notarzt, weil gerade unter Diazepam die Gefahr eines Atemstillstands besteht und die Vitalwerte gecheckt werden müssen.

Es folgten viele Nächte ohne Schlaf. Mari hatte in den folgenden Wochen immer wieder Anfälle, die sich stark voneinander unterschieden. Wir hatten das mit den Medikamenten noch lange nicht im Griff und begannen erst langsam zu verstehen, wessen Rat wir folgen sollten, wie wir die Zeichen, die Mari uns gibt, deuten können und welche Zusammenhänge und Korrelationen bestehen. Damals fingen wir an, unser Tagebuch zu führen, das uns noch so eine große Hilfe sein sollte.

Dennoch waren wir ratlos und hilflos. In uns breiteten sich Gedanken aus, die an Grausamkeit und Egoismus nicht zu überbieten sind – und dennoch menschlich waren. Shari war die Erste, die aussprach, was wir beide dachten.

»Wäre es besser, ein Anfall würde sie mitnehmen?«

Meine erste Reaktion war Wut. »Wie kannst du so was sagen?!« Aber es war dennoch befreiend.

Shari schwieg.

»Mir ist das auch schon durch den Kopf gegangen«, gestand ich mir und ihr kurz darauf ein.

Es ist schrecklich und aus heutiger Sicht undenkbar. Unsere Gedanken ziehen dem Verstand und der Menschlichkeit manchmal hinterrücks mit einer Keule eins drüber. Aber es war wichtig, es auszusprechen – denn keiner von uns sollte mit so schrecklichen Gedanken allein sein. Und obwohl man sein Leben für jedes seiner Kinder geben würde, denkt man in diesen ewigen, sorgenvollen, schlaflosen Nächten Dinge, die im wahrsten Sinne des Wortes undenkbar sind. Man hat zu viel Zeit zum Grübeln, und die düsteren Gedanken bahnten sich einen Weg durch unsere Hirne. Wir haben diesen Dämon letztlich aus unseren Köpfen herausbekommen, indem wir ausgesprochen haben, was uns bedrückte und fast wahnsinnig machte. Ich kann nur jedem raten, ehrlich mit seinen Gefühlen, sich selbst und seinem Partner umzugehen. Ehrlicher, als einem manchmal lieb ist. Jemand, der dich liebt, wird auch das verstehen – auch wenn es noch so schwer ist. Das Verstehenwollen und die Auseinandersetzung mit den eigenen Moral- und Wertvorstellungen gehören für beide Seiten dazu. Gegen die Scham anzukämpfen ist nicht einfach – aber wenn man versucht, schlimme Gedanken zu unterdrücken, werden sie nur noch schlimmer. Deshalb war es gut, dass wir in die Offensive gegangen sind. Dass Shari sich als Erste getraut hat, ihre Gedanken auszusprechen.

ÄRZTE MIT GRENZEN
SEPTEMBER 2016

SHARI »Der Zusatz von GABA-ergen Substanzen wird die Zukunft der symptomatischen AS-Behandlung sein. Mit harmlosen Nahrungsergänzungsmitteln kann man die Lebensqualität der Kinder deutlich verbessern. Damit ist uns allen erst mal geholfen.« Evelin ist am Telefon. »Okay...!?!« Ich setze mich auf den Fahrersitz, schnalle mich an und schalte das Telefon auf Lautsprecher, damit auch André alles mitbekommt. Er setzt sich neben Mari auf die Rückbank. Unsere Kleine ist ganz wackelig und kann sich kaum in ihrem Sitz halten, André stützt sie. Gemeinsam machen wir uns auf den Rückweg vom Krankenhaus nach Hause. Mari hatte heute Morgen schon wieder einen epileptischen Anfall.

Derzeit bekommt sie ein Antiepileptikum. »Ein Anfall ist kein Anfall«, hatten die Ärzte nach dem ersten Krampfanfall gesagt, »ab dem zweiten starten wir mit einem sehr gut verträglichen Medikament.« Damit konnten wir leben.

Und dann kam der zweite Anfall. Und das erste Medikament: *Keppra*. »Es gibt in seltenen Fällen Nebenwirkungen. Sollten diese eintreten oder die Anfälle nicht besser werden, müssen wir uns etwas Neues überlegen.« So die Ärzte.

Mari geht es schlecht, bereits seit einiger Zeit. Sie stöhnt den ganzen Tag, will nichts essen, nichts trinken. Sie ist lethargisch und unzufrieden. Und sie kann uns eben nie sagen, was ihr fehlt und wo es ihr wehtut. Das ist frustrierend. Für sie und für uns.

Heute früh dann der dritte Anfall. Seit dem ersten haben wir ein Babyphon mit Kamera. Auf dem Display haben wir gegen fünf Uhr morgens gesehen, dass Mari sich seltsam bewegt. Das regelmäßige Klopfen ihrer Hand gegen das Bettchen hat uns geweckt und wir haben beide sofort auf den Bildschirm geguckt. Es sah aus, als würden in regelmäßigen Abständen Stromschläge durch den kleinen Kinderkörper gejagt. Immer wieder. Ein gleichmäßiges An- und wieder Entspannen. Mit geschlossenen Augen. Wir sind sofort zu ihr ins Zimmer gerannt und haben sie aus dem Bett genommen. Ihre Lippen waren schon blau. André hat Mari das Notfallmedikament gegeben, ich habe den Notarzt gerufen. Noch bevor der Rettungswagen da war, war der Anfall vorbei. André ist trotzdem mit Mari im Rettungswagen ins Krankenhaus gefahren, ich habe die anderen Kinder zu den Nachbarn gebracht und bin dann hinterhergefahren.

Wir sind fest entschlossen, *Keppra* abzusetzen, weil es keine Hilfe für Mari ist. Ganz im Gegenteil. Es ist unerträglich, sie in diesem Zustand zu sehen. Der Anfall heute hat uns in Sachen *Keppra* den letzten Optimismus genommen.

Über eine andere Angelman-Mutter habe ich die Nummer von Evelin bekommen. Sie ist wissenschaftliche Beraterin im Angelman-Verein Deutschland und selbst Mutter einer Angelman-Tochter. Noch aus der Notaufnahme heraus habe ich Evelin heute Morgen das erste Mal angerufen. Sie hat uns empfohlen, die Ärzte nach *Petnidan* zu fragen.

Evelin hat keinen direkten medizinischen Hintergrund, aber unglaublich viel Wissen und Erfahrung. In den fünf Minuten, in denen ich heute Morgen mit ihr gesprochen habe, hat sie so viele Dinge über das Syndrom und über die Angelman-Kinder gesagt. Antworten auf Fragen, die ich noch gar nicht gestellt hatte. Lösungen für Probleme, die uns schon lange beschäftigten. Sie wusste so viel über Mari, obwohl sie ihr noch nie begegnet ist. Sie kennt die Verhaltensmuster und Symptome von Angelman-Patienten. Mir fällt es leicht, dieser fremden Frau zu vertrauen. Gefühlt kennt sie Mari, ohne ihr jemals begegnet zu sein.

Ich glaube an die Wissenschaft. Unsere gesamte, moderne Gesellschaft basiert auf Technologien, die über wissenschaftliche Verfahren entwickelt wurden. Und es gibt Menschen, die sich auf diese Verfahren spezialisiert haben. Menschen setzen sich mit Fachgebieten auseinander und studieren jahrelang. Auch Mediziner sind Meister auf ihrem Gebiet. Ungerne stelle ich die Kompetenz von Ärzten infrage. Sie kennen Studien, und noch viel wichtiger: Sie haben Erfahrung. Zumindest im Normalfall. Das Angelman-Syndrom allerdings ist so selten, dass unsere Ärzte nur wenig bis keine Erfahrung haben. Die Experten sind hier keine Experten mehr.

»Sehen Sie *Petnidan* als eine Option?«, habe ich den Neurologen im Krankenhaus gefragt. »Bei dieser Art von Anfällen wäre das jetzt nicht meine erste Wahl«, hat er geantwortet. Und trotzdem hat er das Medikament verschrieben. Ich bin ihm dafür sehr dankbar. Denn wir vertrauen Evelin.

»Können wir mit diesem GABA sofort starten?«, frage ich Evelin jetzt am Telefon.

»Nein, ihr müsst warten, bis *Keppra* richtig aus- und *Petnidan* richtig eindosiert ist. Und vor allem: Dosiert das *Petnidan* in ganz kleinen Schritten ein! Auf ein zu schnelles Ein- beziehungsweise Ausdosieren der Medikamente reagieren die meisten Angels mit Unwohlsein oder erneuten Krampfanfällen. Und habt Geduld: Bis *Petnidan* richtig wirkt, kann es ein paar Wochen dauern.«

Im Krankenhaus war davon nie die Rede. Vorwürfe würde ich trotzdem niemandem machen.

»Und was machen wir, wenn wir das Gefühl bekommen, sie könnte erneut krampfen?«, fragt André.

»Lasst euch *Diazepam* in Tropfenform verschreiben. Das könnt ihr besser dosieren und Mari im Zweifel schon mit zwei oder drei Tropfen helfen, so dass sie gar nicht erst in einen Anfall rutscht. Zum Beispiel bei Fieber oder starkem Schlafmangel. All das sind nämlich auch Faktoren, die die Anfallbereitschaft erhöhen.« Auch das hören wir zum ersten Mal. *Diazepam* kennen wir bisher nur als Rektiole, und das sind dann immer gleich 5 beziehungsweise 10 mg.

Bisher hatte ich nicht viel Kontakt zu anderen Familien mit Angelman-Kindern. Ich bin noch nicht bereit dafür. Ich habe Angst, dass der Optimismus, den ich mir so mühsam erarbeitet habe, in Sekunden zerstört wird. Am Kontakt mit Evelin habe ich aber gemerkt, wie wichtig der Kontakt zu anderen Eltern ist. Wie toll es ist, sich auf Erfahrungen anderer Eltern beziehen zu können.

»SIE HABEN DOCH KEINE AHNUNG!«
AUGUST 2017

ANDRÉ Ein knappes Jahr nach dem ersten Telefonat mit Evelin. Mari liegt in diesem Bett mit hochfahrbaren Gittern und Clownsbettwäsche. Ich hasse Clowns schon immer – und jetzt bringen sie mich gerade fast zum Weinen. Diese Bettwäsche, die Fröhlichkeit verbreiten und Kinder zum Lachen bringen soll, ist über mein Kind gelegt, das einfach nur so daliegt. Den Mund geöffnet, die Augen geschlossen – und obwohl sie schläft, wirkt sie nicht entspannt. Wird sie noch dieselbe sein, wenn sie aufwacht? Wird sie die in den letzten, guten Monaten mühsam erkämpften Fortschritte noch einmal erringen müssen? Wird sie noch laufen können? Hat sie ihr Lachen verloren? Ich habe Mari von der Intensivstation in ein Zimmer bringen dürfen, nachdem der *Status epilepticus* unterbrochen wurde. Sagen wir es, wie es ist: Ein *Status* dieser Art ist potenziell tödlich. Zehn Prozent der Betroffenen überleben ihn nicht. Und Folgeschäden sind häufig.

Shari kommt mit frischen Klamotten, Brötchen und Kaffee. Ich habe die Nacht mit Mari im Krankenhaus verbracht, sie war bei den anderen Kindern und hat unsere Jüngste dabei. Sie versucht positiv zu wirken – aber ein Blick genügt und wir müssen uns nicht weiter über unsere wahren Gemütszustände aufklären. Wir küssen uns und halten uns fest. Dann kuschle und albere ich ein bisschen mit meiner jüngsten Tochter herum, und für einen Augenblick kehrt etwas wie Unbeschwertheit in dieses Krankenzimmer in der Kinderklinik ein.

Aber jetzt kommt schon die Visite. Und der Arzt fragt: »Haben Sie eine Ahnung, was den Anfall ausgelöst haben könnte?«

Nur zur Sicherheit, damit wir uns richtig verstehen:

Ich glaube nicht an Globuli, weil ich nicht glaube, dass Wasser sich erinnern kann.

Ich glaube nicht an die angeblichen Gefahren des Impfens, weil ich lesen kann.

Ich glaube nicht an schlechten Schlaf bei Vollmondnächten, weil die paar Lux mehr gar nicht in meinem Schlafzimmer ankommen.

Ich glaube, dass »Glaube« bedeutet, etwas nicht zu wissen.

Ich glaube an die Wissenschaft.

Trotzdem geben wir Mari etwas, für dessen Wirkung es noch fast keine wissenschaftlichen Belege gibt: synthetisch hergestellte Gamma-Amino-Buttersäure, kurz: GABA. Ein körpereigener Stoff, der, so der aktuelle Stand der Wissenschaft, die Blut-Hirn-Schranke nicht überwinden kann, also gar nicht wirken dürfte. Wir führen keine Studien durch, aber wie andere Angelman-Eltern auch sehen wir, dass es wirkt. Die Ärzte sagen, das könne zwar eigentlich nicht sein – aber sie wissen nicht genau, ob die Blut-Hirn-Schranke bei Angelman-Kindern genauso funktioniert wie bei anderen Menschen. Und viele Ärzte wissen auch nicht, dass Angelman-Kinder zu viel von ihrem im eigenen Körper produzierten GABA über den Urin ausscheiden.

»Ja, haben wir! Der Anfall wurde wahrscheinlich ausgelöst, weil eine Gewöhnung an das *Pharma-GABA* eingetreten ist und wir es ausschleichen!« Diese Stille im Zimmer. Diese Blicke, als hätte ich der versammelten Medizinermannschaft gerade erklärt, dass wir das Angelman-Syndrom beziehungsweise die Epilepsie mit Bananentee therapieren.

Jetzt weiß ich endlich, wie sich Leute fühlen, wenn sie mir etwas von Globuli oder vom Einfluss von Sternbildern erzählen, die es gar nicht mehr gibt – und ich ihnen gnadenlos erkläre, dass das gar nicht sein kann.

Wie gesagt, habe ich in den vielen schlaflosen Nächten auch viel gelesen und weiß, wie ich argumentieren kann. Bevor also jemand im Raum mit mühsam-geduldiger, etwas gelangweilter Stimme die Auffassung der Ärzte referieren kann, gehe ich in die Offensive. »Ich weiß, dass Sie mir gleich sagen werden, dass das synthetische GABA die Blut-Hirn-Schranke nicht überwinden kann, und ich kann Ihnen auch nicht erklären, wie das geht, aber ich weiß, dass es bei meinem Kind funktioniert – und bei vielen anderen Angelman-Kindern auch.« Mein Freund Greg, seines Zeichens Biologe in Australien, hatte sich auch schlaugemacht, Studien und Publikationen gewälzt und mir ein verdammt gutes K.-O.-Argument mit auf den Weg gegeben. »Können Sie mir im Gegenzug erklären, wie die Anti-Epileptika funktionieren, die Sie uns verschreiben?« Oft weiß man zwar, dass sie funktionieren, allerdings nicht wie.

Wieder Stille, wieder diese Blicke. Und dann macht Shari etwas, das mir auch schon in den Sinn gekommen war und was ich in solchen Situationen auch manchmal draufhabe: Sie rastet komplett aus und brüllt den Chefarzt an: »Sie haben doch überhaupt keine Ahnung! Sie haben keine Ahnung, Sie wissen nichts über dieses Syndrom oder diese Form der Epilepsie!« Ich versuche sie zu beruhigen – und bin zugleich dankbar, dass Shari das ausgesprochen (beziehungsweise rausgeschrien) hat, was auch mir auf der Zunge lag. »Wir gehen!«, sagt sie. »Wir nehmen Mari mit nach Hause und hauen hier ab. Hier kann uns niemand helfen.«

Natürlich haben wir das nicht gemacht. Mari war gut aufgehoben in der Klinik, und nach der Tortur eines Anfalls sollte man auch die Vitalwerte im Auge haben – schon wegen der Unmenge an Valiumpräparaten, die in ihrem kleinen Körper ihren Job getan haben und die teilweise eine Halbwertszeit von 48 Stunden haben.

Ich traf den Chefarzt später noch mal und bat ihn um Verständnis für den Wutausbruch meiner Frau. Und er war wirklich cool und verstand das alles. Ja, er räumte sogar ein, dass es eventuell so sei, wie wir das eben erläutert hätten, und der GABA-Entzug der Grund sei für den *Status*.

Später habe ich noch mit zwei weiteren Koryphäen auf dem Gebiet der Epilepsie gesprochen, die beide die Wirkung von GABA herunterspielten und damit meines Erachtens jede Gesprächsgrundlage zunichtemachten. Die Studien von Professor Thibert vom MassGeneral Hospital for Children in Boston kannten sie noch nicht.

Ich habe Respekt vor diesen Menschen, die wissenschaftlich arbeiten und studiert haben. Aber das hat Professor Thibert auch, und er hat anhand seiner Erfahrungen mit vielen Angelman-Kindern Empfehlungen erarbeitet, die eine andere Sprache sprechen.

Übrigens ging das Gespräch mit dem Chefarzt noch weiter – und wir kamen zumindest ethisch noch auf einen Nenner:

»Würde ich mich an Ihre Empfehlung halten und meiner Tochter die beiden Medikamente, die Sie eben genannt haben, in Kombination verabreichen, dann wäre die Gefahr gebannt und sie würde in keinen *Status* mehr rutschen?«

»Ja!«

»Aber sie wäre nicht mehr dieselbe, würde Dinge wie das Laufen eventuell wieder verlernen, sie würde lethargisch und wäre nicht mehr das fröhliche Kind, das wir kennen und lieben?«

»Ja!«

»Wäre es dann verwerflich, ein Leben, das keines ist, gegen ein Leben in Gefahr zu tauschen?«

»Nein …«

DIE FANTASTISCHE VIER

»UM VERHÜTUNG MÜSSEN SIE SICH ERST MAL KEINE GEDANKEN MEHR MACHEN!«

AUGUST 2016 – MAI 2017

ANDRÉ Mit drei Kindern in Urlaub zu fliegen ist immer hart. Wenn der Älteste viereinhalb, die Jüngste ein Jahr und die Zweieinhalbjährige auf dem Stand eines etwa sechs Monate alten Kinds ist und nicht laufen kann, ist es ein Mammutprojekt. Schon am Flughafen kamen wir an unsere Grenzen. Shari und ich hatten einfach zu wenige Arme, Beine und Hände. Der Urlaub war millionenfach anstrengender als unser Leben daheim.

Eigentlich wollten wir gerne ein weiteres Kind. Während dieses Urlaubes entschieden wir allerdings, damit noch mindestens zwei oder drei Jahre zu warten.

In diesem Urlaub fand allerdings auch ein Dialog statt, den ich aus dramaturgischen Gründen in Drehbuchform zu Papier bringe:

01. Hotelzimmer Andalusien Innen/Nacht

Eine Frau und ein Mann liegen im Bett. Grillen zirpen. Alle Kinder schlafen. Sie küssen sich.

ER
(flüstert)
Wo sind die Kondome?

SIE
(flüstert)
Im roten Köfferchen. Im Schrank. Im Flur.

ER
(flüstert)
Warte, ich hole sie.

SIE
(flüstert)
Nein, dann werden die Kinder wach!

ER
(flüstert)
Ich bin ganz lei...

SIE
(flüstert)
NEIN, ich raste aus, wenn die jetzt wach werden. Ich bin froh, dass endlich Ruhe ist!

ER
(flüstert)
Oh Mann ...

SIE
(flüstert nicht mehr)
Ist okay, meine App hat mir gesagt, dass meine Tage morgen kommen müssten.

02. Auto Innen/Tag

Eine Frau und ein Mann fahren in ihrem Auto den Hohenzollernring in Köln entlang.

ER
Was ist jetzt mit deinem Geburtstag?

SIE
Wir feiern! Ich kann endlich was trinken und man wird ja nur einmal 30.

ER
Mottoparty?

SIE
Bist du bescheuert?

ER
War ein Scherz.

SIE
Obwohl ...

ER
Nutten und Zuhälter?

SIE
Nutten und Zuhälter!

Harter Schnitt auf:

03. **Frauenarztpraxis Innen/Tag**

Eine Frau und ein Mann sitzen im Behandlungszimmer einer Frauenärztin. Diese schallt gerade den Bauch der Frau.

SIE
Wir dachten an eine Spirale. Oder was würden Sie empfehlen?

FRAUENÄRZTIN
Um Verhütung müssen Sie sich erst mal keine Gedanken mehr machen.

Eine Frau und ein Mann sehen sich mit großen Augen an. Der Frau kommen die Tränen, der Mann beginnt zu lachen.

Die Tatsache, dass ich der Standarduntersuchung überhaupt beiwohnte, ließ unsere Frauenärztin schon stutzen. Shari hatte über Wochen zwar unregelmäßige Blutungen gehabt, sie konnte also gar nicht schwanger sein, allerdings verlief ihre Regel anders als früher. Aber sie hatte inzwischen ja auch schon drei Kinder zur Welt gebracht. Ich überredete sie, einen Termin bei ihrer Frauenärztin zu machen. Sharis Laune war in letzter Zeit eher so … mittel und ich hoffte, eine Erklärung zu bekommen, die gegen eine Scheidung sprach. Irgendwas mit Hormonen oder so … Außerdem hatten wir schon länger über eine andere Verhütungsmethode nachgedacht und wollten uns beraten lassen.

Die Erklärung für die unregelmäßige »Periode« und ihre üble Laune war dann wirklich denkbar einfach. Sie durchkreuzte jeden Plan, den wir hatten – und bereicherte unser Leben um Kind Nummer vier.

»DREI KINDER SIND GENUG, LASS UNS EIN VIERTES BEKOMMEN.«
AUGUST 2016

SHARI »Mach einen Termin bei deinem Arzt und krieg das mit den Hormonen in den Griff!« André ist es ernst. Seit fast zwei Wochen habe ich schlechte Laune. Ich bin extrem empfindlich, bei jeder Kleinigkeit gehen meine Nerven mit mir durch. Ich fühle mich, als würde ich eine Grippe bekommen. Ohne Grippesymptome. Ich bin ungerecht zu den Kindern, aber besonders zu meinem Mann. »Wenn das nicht bald aufhört, lasse ich es wie einen Unfall aussehen.« Wer ihn kennt, weiß, wie er das meint. Ich verstehe seinen Ärger und nehme den Hörer in die Hand. »Meine Periode kommt sehr unregelmäßig, ich fahre gefühlsmäßig Achterbahn«, und: »Nein, ich kann nicht schwanger sein.« Ich habe ja Blutungen. Und ich habe schon drei Kinder bekommen und weiß ganz genau, wie es sich anfühlt, schwanger zu sein. So auf jeden Fall nicht.

Zwei Tage später. André sitzt neben mir und fährt uns in die Innenstadt von Köln. Er nimmt meine Hand. »Wir könnten nachher noch zum Thai etwas essen gehen.« Termine in der Stadt nutzen wir gerne für etwas Quality Time ohne Kinder. Durch unser altes Veedel spazieren, die Lieblingsläden besuchen und gutes Essen beim Lieblingsthailänder genießen. »Ich hab so gar kein Bock auf Thai«, entgegne ich ihm.

»Dann Sushi?«

»Hör mir damit auf.« Beim Gedanken an Essen dreht sich alles in meinem Magen. Ich erwische mich mal wieder dabei, wie ich nette Annäherungsversuche von André sofort im Keim ersticke. Ich bin ein Biest. Und kann nichts dagegen machen.

Beim Arzt angekommen, setzen wir uns ins Wartezimmer. Schnell werde ich zur Ärztin reingerufen. Ich stehe auf, André folgt mir. »Frau

Dietz, Herr Dietz, hallo!«, die Ärztin stockt kurz. »Wollen Sie mit rein?« Sie stellt sich demonstrativ vor André in den Türrahmen. Als wolle sie ihm sagen, dass das hier kein Platz für einen Mann sei. Eine Routine-Kontrolluntersuchung nur für Frauen. »Mir ist es wichtig, dabei zu sein«, sagt er. Davon hatte er mir nichts gesagt. Aber ich freue mich. Denn auch wenn meine Hormone gerade Achterbahn fahren, gibt es keine Sekunde, in der ich meinen Mann nicht gerne bei mir habe. Egal wann, egal wo.

Erstaunt, aber bereitwillig lässt die Ärztin André ins Behandlungszimmer. »Was kann ich für Sie tun?«, fragt mich die Ärztin. »Bitte helfen Sie uns, diese Hormone in den Griff zu bekommen«, antwortet André ihr. Ich habe keine Chance, etwas zu sagen, zucke mit den Schultern und grinse.

Zehn Monate vorher: Vor einigen Tagen haben wir für Mari die Diagnose Angelman-Syndrom bekommen. Sie ist unser zweites Kind, wir haben auch noch ein drittes. Einen Jungen, zwei Mädchen. Wir wollten immer drei Kinder und sind sehr glücklich. Seit der Diagnose hat sich allerdings einiges in unseren Köpfen verändert. Alles, was wir uns vorgenommen haben, steht infrage. Eigentlich stelle nur ich alles infrage. André bleibt weiterhin sehr positiv. Mich hingegen bedrückt es, dass nichts mehr planbar ist: Besuche bei unseren Freunden. Urlaube in Australien. Campingurlaube. Mein Weg zurück in den Job, der Plan eines Masterstudiums. Für mich ist alles nur noch schwarz oder weiß.

Meine Gedanken kreisen fast nur noch um mein behindertes Kind. Um den behindertengerechten Umbau unseres Hauses, darum, dass Mari immer ein Pflegefall bleiben wird. Und um ihre Zukunft. Was wird aus Mari, wenn wir irgendwann nicht mehr da sind?

Unter all diesen Gedanken gibt es einen, der mich immer wieder stark macht: Maris Geschwister. Wir sind nicht allein, Mari wird nie allein sein. Wir sind eine Familie und unsere anderen Kinder werden Maris engste Vertraute sein. Für immer. Spielkameraden, Vortänzer und Beschützer. Ein echter Segen für Mari. Sie nehmen sie so, wie sie ist. Ihre Geschwister sind ihre Begleiter, die wir ihr an die Seite stellen, um ihr zu helfen, wenn wir es einmal nicht mehr können. Außerdem bedeuten ihre Geschwister, dass Normalität in unserem Alltag niemals fehlen wird.

»Lass uns noch ein viertes Kind bekommen«, sage ich zu André. Noch ein Beschützer mehr. Die große Verantwortung der Kinder etwas schmälern, sollten wir irgendwann nicht mehr da sein. Ich liebe Kinder, ich liebe meine Kinder. Warum dieses wahnsinnige Glück nicht noch einmal erfahren?

»Zurück in den Job werde ich nicht gehen. Wäre doch schön, wenn sich unsere Familie noch etwas vergrößert!« Ich setze mich auf und bin gespannt, was er antwortet. »Das machen wir«, er grinst mich an. Mit dieser Reaktion habe ich nicht gerechnet. »Nicht jetzt, aber wenn wir hier alles wieder im Griff haben, können wir darüber nachdenken.« Ich bin überwältigt von meinem Mann. Ich liebe ihn so sehr. Auch oder gerade, weil es sein könnte, dass er das nur sagt, um mir wieder einen kleinen Lichtblick zu schenken. Und auch wenn wir genetisch noch gar nicht abgeklärt haben, wie wahrscheinlich ein weiterer Defekt in einer erneuten Schwangerschaft bei uns sein könnte, bin ich mir sicher, dass wir so viel Pech gar nicht haben können. Außerdem weiß ich: Egal wie unsere Kinder zur Welt kommen – wir geben alles, damit sie glücklich sind.

Ich sitze im Gynäkologenstuhl, André lehnt mit verschränkten Armen an der Fensterbank. Die Ärztin untersucht mich mit dem Ultraschallgerät und wir unterhalten uns über Verhütungsmethoden. »Den Ring kann ich also immer drinlassen. Man bemerkt ihn nicht?« Begeistert gucke ich die Frauenärztin an. Sie grinst und dreht den Ultraschallbildschirm in meine Richtung. »Frau Dietz, Sie brauchen keinen Ring. Sie sind schwanger.« Mir fällt alles aus dem Gesicht. Auf dem Monitor sehe ich eine Fruchthöhle in meiner Gebärmutter. Zu gut kenne ich dieses Bild. Das Herzchen des Embryos flackert. André bricht in lautes Gelächter aus. Er freut sich so sehr. »Wir bekommen noch ein Baby! Bin ich froh, dass es eine Erklärung gibt. Für dich. Für deine Art. Die Hormone!« Ich bin sprachlos. Mir kommen die Tränen. »Noch ein

Baby?« Meine Gefühle schwanken zwischen Verzweiflung und Glück. Wir haben uns ein viertes Kind gewünscht. Aber jetzt? Wie soll das funktionieren? André beruhigt mich. »Einen perfekten Zeitpunkt gibt es nicht. Mach dir keine Gedanken, wir bekommen das hin!« Recht hat er. Wir sind glücklich. Ich liebe es, schwanger zu sein. Ein Wunschkind, das sich überlegt hat, früher zu kommen als geplant.

»HAST DU DAS LICHT GESEHEN?«
MAI 2017

ANDRÉ Und da sitze ich und kann nichts tun. Shari kollabiert, die Ärzte werden nervös. Sie ist leichenblass. Ich habe mein 30 Minuten altes Baby auf dem Arm und muss mir auf die Zunge beißen, um mich zu vergewissern, dass das hier gerade wirklich passiert.

Das Verrückte an Extremsituationen ist – nach meinem Wissensstand und nach Beobachtungen an mir selbst und anderen Menschen –, dass man erst später rafft, dass man sich überhaupt in einer befunden hat. Diese Extremsituation Nummer Ichwillesgarnichtwissen hat es wieder deutlich gezeigt.

Meine Gefühle fuhren ja ohnehin gerade mit mir auf einen Viertausender hoch. Denn auch wenn ich vorher bereits mit dem Plan angegeben hatte, die Nabelschnur diesmal durchbeißen zu wollen:

Jede Geburt ist verdammt noch mal anders, neu und immer wieder wie eine Flasche Champagner zu exen. Dir schwirrt der Kopf, dein Herz schlägt höher und du kommst aus dem Grinsen nicht mehr raus.

Nun stand ich da und wusste, dass hier irgendetwas überhaupt nicht stimmte – und dass ich nichts tun konnte. In Sekunden vom Viertausender wieder zur Talstation. Next stop: Erdkern. Ich stand auf wie in Trance, gab meiner Schwiegermutter ihr viertes Enkelchen auf den Arm und griff durch eine Lücke, die das Pflegepersonal freigab, Sharis Hand.

»Du machst jetzt keinen Abgang und lässt mich mit den Kindern alleine!«, schob ich meine Sätze in Aufbringung all meiner nicht existenten transzendentalen Fähigkeiten zu ihr rüber.

»Falls du jetzt durch diesen bescheuerten Gang läufst und ein Licht siehst ... DREH DICH SOFORT UM UND BEWEG DEINEN SÜSSEN ARSCH ZU MIR ZURÜCK!!!«

Und, Leute, was soll ich euch sagen? Es hat funktioniert!

Die zweite Bluttransfusion hat ihren Job gemacht, und der Mist, der mir durch den Kopf gegangen ist ... war immer immerhin noch brauchbar für dieses Buch! Später saßen wir zusammen an ihrem Bett, unsere Kleinste schlief, und ich sagte ihr, dass sie nun die perfekte Story habe und diese Chance einfach nicht verschenken dürfe.

»Sag den Leuten ...«

»ICH HABE DAS LICHT GESEHEN!«

MAI 2017

SHARI »Ich habe das Licht gesehen. Das Licht am Ende des Tunnels. Alles um mich herum habe ich nur noch schemenhaft wahrgenommen. Dieses Licht war warm. Es hatte eine wahnsinnige Anziehungskraft. Ich habe Gott gesehen. Es gibt ihn doch! Er ist dunkelhäutig. Und eine Frau. Lange schwarze Locken.«

Ich blicke zu André rüber. »Gut so?« Er lächelt mich an, während er unsere frisch geborene Tochter am Fenster des Krankenhauszimmers auf und ab trägt. »Schon nicht schlecht«, sagt er. »Aber versuch dabei ernst zu bleiben. Sprich leise, versuch zu flüstern. Verzieh keine Miene.«

Was André hier gerade mit mir inszeniert, ist ein Bericht von einer angeblichen Nahtoderfahrung. Eine Nahtoderfahrung, die ich natürlich nicht wirklich erlebt habe. Auch habe ich das ganze Szenario rund um meine gestrige Entbindung als gar nicht so schlimm empfunden. André allerdings schon. Und auch meine Mutter, die später im Kreißsaal zu uns gestoßen war.

Und ehrlich: Ich bin eine schlechte Schauspielerin! Im Gegensatz zu meinem Mann fällt es mir durchaus schwer, Menschen etwas vorzuspielen. André aber glaubt an mich. Und diese Story ausgerechnet aus meinem Mund zu hören wäre auch wirklich witzig.

Die Geburt unseres vierten Kindes war super. Einmal mehr habe ich den Hebammen bewiesen, dass man einer Frau bei der vierten Geburt nicht mehr viel erzählen muss. Es ging so weit, dass ich nach circa 1 ½ Stunden aufgestanden bin, »Sie muss da jetzt raus, geht aus dem Weg!« gebrüllt und mich an das Seil im Kreißsaal gehängt habe. Ich war überzeugend, denn sie sind alle zur Seite gesprungen, haben dann aber: »Stopp! Nicht so schnell! Sie reißen sonst komplett!«, gerufen. Ich bin noch nie gerissen. Damit haben sie mir also keine wirkliche Angst gemacht. Und fünf Minuten später war unser viertes Kind, unsere dritte Tochter, auf der Welt.

Nach der Geburt hatte ich allerdings – mal wieder – erhebliche Probleme mit der Nachgeburt. Überall Blut und schließlich die Entscheidung: »Ihre Plazenta hat sich nicht richtig gelöst. Wir müssen sie ausschaben.«

Danach erinnere ich mich nicht mehr an viel. Nur daran, wie schlapp ich war. Ich konnte die Kleine kaum halten. Ich habe am ganzen Körper gezittert, mir drei dicke Decken bringen lassen. Die Monitore neben mir haben abwechselnd Alarm geschlagen. Ich hatte gleichzeitig drei Kanülen im Arm, davon zwei Bluttransfusionen. Es waren unglaublich viele Menschen in dem kleinen Raum. Die alle durchweg panisch waren. Und das ist es auch schon, für mich zumindest.

Sie konnten mir alle helfen. Und ich rufe ein Hoch auf deutsche Krankenhäuser, ihre Ärzte und die gute Versorgung! Dass manche Frauen es tatsächlich vorziehen, ihr Kind zu Hause zu bekommen, ohne ärztliche Unterstützung, ist für mich einmal mehr unbegreiflich.

Ich weiß schon, André hat das gestrige Szenario als wesentlich dramatischer wahrgenommenen. Viele Ärzte, panische Hebammen. Eine nicht ansprechbare Ehefrau und der kurze Gedanke, ob er als Vater von vier Kindern jetzt alleine dasteht. Was. Wäre. Wenn. Aber es ist alles gut gegangen. Mir geht es den Umständen entsprechend wieder gut. Und wir können heute darüber schon wieder scherzen.

Die anstehenden Berichte an die Verwandtschaft wollen wir etwas ausbauen. Das Ganze mit Humor sehen, so wie wir das gerne mal machen.

ANGELMAN RELOADED?

MAI 2017

SHARI Ich drücke auf die Home-Taste meines Handys, es leuchtet auf. 23:12 Uhr. Die Kleinste liegt neben mir und drückt quietschende Töne aus sich heraus, immer wieder. Erst ganz zart, dann immer lauter, mit viel Nachdruck. Am Ende ist sie das schreiende Baby, das auch alle anderen frischgebackenen Mütter aus dem so wichtigen Schlaf reißt. Ich bin im Krankenhaus. Es ist die erste Nacht, die ich als Mutter von vier Kindern mit meiner heute geborenen Tochter verbringe.

Gestern Vormittag bin ich mit André ins Krankenhaus gefahren. Auch wenn ich noch keine wirklichen Wehen hatte, waren Kind und ich uns einig, dass die Schwangerschaft jetzt dringend ein Ende haben musste. Wir haben den Tag im Krankenhaus mit vielen Spaziergängen, Pommes, Burgern, der Hoffnung auf stärkere Wehen und einem abschließenden Rizinusöl-Cocktail verbracht.

Mit nicht erwähnenswerten Ausschlägen auf dem CTG habe ich André am späten Abend aus dem Kreißsaal entlassen. »Wir rufen dich an, wenn es richtig losgeht.« Es ist ihm schwergefallen, mich zurückzulassen. Und doch war er froh, noch ein paar Stunden schlafen und zu Hause mal nach dem Rechten sehen zu können. Gegen vier Uhr morgens hat die Hebamme ihn dann angerufen: »Die Fruchtblase Ihrer Frau ist geplatzt, die Wehen werden stärker. Sie sollten sich jetzt auf den Weg machen.«

Unser viertes Kind, ein kleines, zartes und unfassbar süßes Mädchen, liegt jetzt hier neben mir im Beistellbett und findet nicht in den Schlaf. Dabei müsste sie doch genauso erschöpft sein wie ich. Sie ist ein absolutes Wunschkind. Gut, der Zeitpunkt hätte besser gewählt sein können. Aber sie ist ein absolutes Kind der Liebe. Und jetzt, wo sie da ist, bin ich so froh, dass ich keine Minute mehr ohne sie verbringen will. Sie macht unsere Familie vollkommen.

Unser Krankenhaus ist ein babyfreundliches Krankenhaus. Was das bedeutet, musste ich mir eben noch mal von einer Schwester erklären lassen: »Frau Dietz, wir haben keine Schnuller für Ihr Kind. So etwas dürfen wir als babyfreundliches Krankenhaus nicht rausgeben.« Interessant. Und was soll ich jetzt machen? Ich möchte so gerne schlafen, bin völlig erschöpft. Die Kleine gibt zwar ständig unglaublich süße Geräusche von sich, ist aber ohne meine Brust im Mund einfach nicht glücklich. Babyfreundlich, okay. Mütterfreundlich auf jeden Fall nicht.

Ich erinnere mich plötzlich an das starke Saugbedürfnis von Mari. Typisch Angelman-Syndrom, hat Evelin mir mal gesagt. Und auch Mari findet nachts nie in den Schlaf. Schon immer war das so. Sie liegt stundenlang wach. Beim Gedanken daran kommen mir die Tränen. Schlafentzug ist einfach die größte Folter. Und was ist, wenn unsere Kleine hier auch das Angelman-Syndrom hat? Es wäre ein unglaublicher Zufall, das weiß ich. Aber jedes normale Baby, das gerade zur Welt gekommen ist, müsste doch jetzt endlich mal völlig erschöpft einschlafen?

Meine Gedanken drehen sich nur noch darum. Ich muss mich dringend jemandem mitteilen. Hier ist nirgends Empfang, aber ich muss mit André sprechen. In meiner Verzweiflung greife ich zum Krankenhaustelefon. »Ist etwas passiert, Schatz?«, nuschelt eine verschlafene Stimme am anderen Ende der Leitung. »Na ja«, ich fange an zu schluchzen. »Sie möchte einfach nicht schlafen. Und ich bin so kaputt. Was ist, wenn sie auch das Angelman-Syndrom hat?«

»Warum hast du nicht auf meinem Handy angerufen? Die Kinder werden doch wach.«

Er versteht scheinbar den Ernst der Lage nicht.

»Schatz«, sage ich wieder, »ich erkenne unglaublich viele Parallelen. Sie schläft einfach nicht ein. Sie sucht ständig nach meiner Brust. Ich finde, sie hat Ähnlichkeiten mit Mari. Was wäre, wenn sie auch das Angelman-Syndrom hat?«

Über die Absurdität meiner Argumente und der Frage an sich bin ich mir bewusst. Und trotzdem lassen mich diese Gedanken nicht los. Wie sehr wünsche ich mir, André könnte jetzt hier sein. »Sie ist Maris Schwester«, versucht er mich zu trösten, »natürlich haben sie Ähnlichkeiten. Die Chance, dass sie auch das Angelman-Syndrom hat, ist so verschwindend gering. Sie ist unsere Tochter und sie ist wunderbar, so wie sie ist. Versuch einen klaren Kopf zu behalten. Ich weiß, du brauchst Schlaf. Du musst dich erholen. Mach dir bitte nicht so viele Gedanken!«

Zwei Wochen später erzähle ich meiner besten Freundin von dieser Nacht. Davon, wie absurd meine Gedanken waren und wie verzweifelt man sein kann, wenn man sich einfach nicht erholen kann. Aber auch davon, wie es immer wieder kleine Momente gibt, in denen ich trotz großem Glück über meine vier Kinder so traurig bin. Ich sehe Mari an und versuche mir einen kurzen Moment zu überlegen, was sie jetzt wohl zu mir sagen würde, wenn sie ganz normal wäre. Und dann lächelt sie mich an und ich weiß, sie ist normal. Besonders normal!

EPILOG

»JE BESSER DER PLAN, DESTO HÄRTER TRIFFT EINEN DAS SCHICKSAL.«

OKTOBER 2018

ANDRÉ UND SHARI Wir sitzen im Zug nach Berlin. Wartende Menschen an Bahnhöfen, Häuser, Wohnungen. Gehetzte, gelangweilte, arbeitende Menschen. Sitznachbarn in ihrer Smartphonewelt oder (seltener) Buchwelt gefangen. Ein paar Flüchtlinge, die neben ihren Koffern und Tüten sitzen.

Und jeder – wir wissen, es klingt abgedroschen – hat seine eigene Geschichte. Und auch wenn 99 Prozent dieser Menschen wahrscheinlich denken, dass die ihre nicht besonders interessant ist, sind wir sicher, dass in jedem Menschen ein gutes Buch steckt. All diese Geschichten bergen so viel Schmerz, Humor, Misserfolge und persönliche Errungenschaften. Ist unsere Geschichte etwas Besonderes? Das muss jeder selbst entscheiden. Klar ist, dass wir mit unserem offensiven Umgang mit Schicksalsschlägen und Erfolgen andere Leute ermutigen können, ihnen vielleicht sogar helfen.

Es ist der absolute Wahnsinn für uns, dass Mari so gut laufen kann, trotz fehlendem Schlafhormon fast jede Nacht durchschläft und sich abends um acht ohne Murren ins Bett legen lässt. Es hat lange gedauert, bis wir dorthin gekommen sind. Und auch die Lösung des großen Rätsels, was diese schwere Epilepsiephase verursacht hat, ist am Ende auf unserem Mist gewachsen und war denkbar einfach. Das Anti-Epileptikum war zu niedrig dosiert, da Mari inzwischen ein paar Wachsstumssprünge vollzogen hat. Die vielen Erfahrungen, unser Tagebuch und der Austausch mit dem Angelman-Verein machen uns so langsam zu Profis. Trotzdem gibt es noch andere Dinge. Ziele, die wir erreichen können und wollen.

Zum Beispiel spricht Mari nicht. Kein Wort. Irgendwann ist es zu spät und das Sprachzentrum verkümmert. Allerdings gibt es eine theoretische Möglichkeit, das Sprachzentrum mittels eines Medikaments zu aktivieren. Dieses Medikament befindet sich allerdings in einer klinischen Studie. Das kann dauern, und wenn es die gewünschte Wirkung doch nicht hat oder zu viele Nebenwirkungen ... muss ein neues her. Deshalb versuchen wir Spenden zu generieren. Zumal dasselbe Medikament auch Kindern mit Muskelschwund helfen könnte.

Dazu kommt die Forschung rund um GABA und CBD-Öle. Würde man es schaffen, GABA richtig zu dosieren und an die Stellen im Körper zu transportieren, an denen es seine Wirkung vollbringen kann, könnte man zum Beispiel Depressionen und Diabetes wirkungsvoll bekämpfen. Daher hier ein Aufruf an junge Ärzte und Forscher: Hier gibt es unglaublich wichtige und interessante Gebiete, die lohnend sind. Sie betreffen viele Krankheiten, Defekte und Störungen. Hier kann man etwas tun für betroffene Menschen und Familien – und solche, die künftig betroffen sein werden.

Je planmäßiger die Menschen vorgehen, desto wirksamer trifft sie der Zufall.
Wir sind uns nicht sicher, ob Friedrich Dürrenmatt damit sagen wollte: »Je besser der Plan, desto härter trifft einen das Schicksal.« Seinen Satz hatten wir jedenfalls beim Schreiben im Kopf.

Wir sind ein Paar, das einen Plan hatte – und dieser Plan ist aufgegangen. Er ist anders aufgegangen, als wir uns das vorgestellt hatten, aber er hat trotzdem unsere kühnsten Vorstellungen übertroffen.

Zwischendrin mussten wir an unserem Plan feilen und ab und zu einen neuen machen. Und der Zufall war wirksam. Er war schmerzvoll und süß zugleich, aber er hat uns nie aus der Bahn geworfen.

Der Zufall – oder nennen wir es unsertwegen »Schicksal« – kann auch eine Chance sein und zu einem unerwarteten Glück führen, das vielleicht ungeplant ist, aber in unserem Fall: größer als erwartet.

ENDE

DER KURZE DIETZ-WEG

EIN RATGEBER, DER KEINER SEIN WILL
EINLEITUNG (MIT DEM ULTIMATIVEN TIPP)

ANDRÉ Ich mag keine T-Shirt-Sprüche, keine erhobenen Zeigefinger und keine undifferenzierten Wahrheiten.
Ich mag keine So-musst-du-leben-Ratgeber.

Wenn ich Tipps bekomme und nicht sowieso als banalen Blödsinn verwerfe, muss ich sie gut sortieren und vor allem rauskriegen, ob und wie ich sie auf mich anwende. Denn es gibt keine Schablonen für ein gutes, ein gesundes oder ein richtiges Leben.

Die Sammlung meiner Lebensweisheiten stammt nicht aus Ratgebern, sondern ist eine krude Zusammenstellung von Zitaten. Aus Songs und Romanen, Serien und Filmen – und dem einen Satz, den mir mein Vater eingebrannt hat. Jeden Sonntagmorgen, wenn er mir abwechselnd aus dem *Dschungelbuch* und dem *Kleinen Prinzen* vorgelesen hat, sagte er mir mit Nachdruck: »Du musst immer ein Kind bleiben. Zumindest in deinem Herzen. Egal was andere sagen. Auch wenn du es jetzt noch nicht verstehst.«

Tipps müssen individuell gegeben werden und sind nicht immer übertragbar. Aus dem Grund glaube ich auch nicht, dass Diäten funktionieren können, weil die Lebensumstände zu individuell sind.

Ich kann also nur einen einzigen Tipp geben, aber den mit Nachdruck:

SEI VERDAMMT NOCH MAL VORSICHTIG MIT TIPPS!!!

Daher lassen wir schön unsere Zeigefinger unten. Wir (das heißt vor allem Shari) plaudern einfach ein wenig über unsere speziellen Erfahrungen mit einem besonderen Kind, einer Großfamilie und einer Beziehung, die funktioniert, trotz oder gerade wegen der Lebensumstände.

MARI UND WIE SIE DIE WELT SIEHT

SHARI Lebensmittel einkaufen ist mein persönlicher Albtraum. Und dass der Kühlschrank ausgerechnet heute – es ist Samstag – nichts mehr hergibt, war nicht vorhersehbar. Zumindest nicht von mir. Wenn ich nämlich in einer Sache unorganisiert bin, dann bei der Beschaffung von Essensvorräten – und erst recht im Rationieren. Ich mag es nicht, jemandem, der hungrig am Kühlschrank steht, den ausgewählten Happen mit den Worten: »Das ist für morgen!«, wieder zu entreißen.

»Ich nehme Mari und die Kleine mit. Dann kannst du mit den anderen was im Garten machen. Was meinst du?« Effizient das Kümmern um die Kinder aufzuteilen ist eine unserer größten Stärken. Wobei ich in diesem Fall natürlich den Kürzeren ziehe, weil ich die eher unselbstständigen Kinder mitnehme und zwangsläufig nicht nur Einkäufe, sondern auch die beiden Mädchen schleppen werde. Allerdings kann ich davon ausgehen, dass André in der Zeit ein paar Punkte unserer Wochenend-To-do-Liste abarbeiten und streichen kann.

Und Mari ist so gerne unterwegs. Sie ist bei allem gerne dabei. Sie liebt es, sich durch den Einkaufswagen zu wühlen, sie freut sich über jeden Menschen, der ihr einen freundlichen Blick zuwirft. Sie lacht sich kaputt, wenn ich die Nudeln in den Wagen schmeiße.

Ich mache mich also um kurz nach zehn mit zwei Kindern auf den Weg zum überfüllten Supermarkt.

Beim Parken auf dem Behindertenparkplatz vor dem Eingang ernte ich den ersten bösen Blick, den ich routiniert ignoriere, während ich den Behindertenausweis in der Frontscheibe zurechtrücke. Ich lade die Kinder aus, dabei rutscht die Kleinste aus unserem Bus und landet mit dem Hinterkopf auf dem Asphalt. Ich tröste sie, während

Mari geduldig wartet. Aber an Laufen ist jetzt nicht mehr zu denken, und so tritt noch vor dem Einkauf das erste Worst-Case-Szenario ein: Ich trage nicht nur Mari, sondern auch die Kleine in den Laden, um dort den vom Supermarkt eigens für uns angeschafften Einkaufswagen aus seiner Parkposition zu nehmen. Dieser Einkaufswagen ist für besondere Kinder. Ein breiter Sitz ermöglicht es, dass Mari bequem im Wagen sitzen kann – und auch unsere Kleinste mitfahren kann. Ein Kind links, ein Kind rechts. Ein Glück, dass der Einkaufswagen praktisch nur von uns genutzt wird und somit auch an einem überfüllten Samstag bereitsteht. Entlastung in Sicht. Für gewöhnlich nehme ich Mari nicht mehr mit zum Einkaufen. Umso mehr wird mir heute wieder deutlich, wie groß und schwer sie inzwischen ist und wie viel Platz sie in ihrem Einkaufswagen einnimmt.

Ich schiebe den Wagen durch den Laden und erledige meine Einkäufe. Alltag. Wie alle anderen Menschen um mich herum bin ich fokussiert, ja fast schon hypnotisiert. Nichts vergessen und möglichst schnell wieder raus hier. »Raus, raus!« Die Kleinste streckt mir ihre Arme entgegen und hat scheinbar Ähnliches im Sinn. Ich setze sie auf den Boden, greife nach den Bananen und sehe dabei im Augenwinkel, wie sie zum Ausgang Richtung Parkplatz läuft. Ich renne hinterher. Mari bleibt zurück im Wagen, neben den Bananen. Mari liebt Bananen. Sie isst eine Staude in der Woche, eine Plantage im Monat.

Zurück im Laden. Ich kann nicht glauben, was ich sehe: Mari hat aus ihrem Wagen heraus sämtliche Bananen aus dem Regal gezogen. Alles liegt auf dem Boden und in unserem Wagen. Und Mari? Die lacht sich kaputt und versucht, sich eine der Bananen samt Schale in den Mund zu schieben. Das schockt mich nicht. Vielmehr überrascht mich, dass eine Traube von Menschen um sie herumsteht und wie alle gemeinsam lachen und versuchen, die Bananen aufzuheben, aus Maris Händen zu befreien und sie wieder zurück ins Regal zu räumen. Mari ist so glücklich – und sie hat mit ihrer kleinen Katastrophe scheinbar auch die Leute um sie herum glücklich gemacht. Sie hat sie aus ihrem Einkaufswahnsinn geholt und die Welt um sie herum einen Moment lang angehalten.

Für eine kurze Sekunde beobachte ich die Situation aus der Ferne und bin fasziniert. Ich habe manchmal gedacht, dass die Menschen uns und Mari gegenüber nur so offen und zugänglich sind, weil wir in der Öffentlichkeit stehen. Weil sie uns kennen. Aber ich habe mich getäuscht. Mari ist ein fröhlicher, offener Mensch – und findet deshalb den Zugang zu anderen. Sie hat keine Berührungsängste und zieht die Menschen in ihren Bann – mit ihrem Blick, ihrem freundlichen Lächeln genauso wie mit ihrem festen Griff. Sie löst etwas in den Menschen aus, ob sie wollen oder nicht. Mari macht sich keine Gedanken über Konventionen. Sie sieht die Welt, wie sie ihr gefällt. Das macht mich so glücklich. Und das macht es so einfach.

EIERTÄNZE

SHARI Mit Begriffen tun sich Menschen schwer, gerade wenn es um ein so sensibles Thema wie Behinderung geht. Die politische Korrektheit hat überall Fettnäpfchen aufgestellt. Und dadurch teilweise erreicht, dass Menschen lieber gar keinen Kontakt aufnehmen aus Angst, etwas Falsches zu sagen. Als betroffene Eltern sind wir natürlich in einer komfortablen Situation: Wir können sagen, was wir wollen. Unsere behinderte Tochter. Geistig behinderte Tochter. Besondere Tochter. Kranke Tochter.

»Schwer geistig behindert« – das sage ich eigentlich immer, auch wenn keiner danach fragt. Weil ich – oder wir – sehr offensive Menschen sind. Wir sprechen die Dinge gerne an. Wir versuchen, den Leuten Mari zu erklären, und haben keine Scheu davor, das Wort »Behinderung« in den Mund zu nehmen. Nicht aus Verzweiflung oder Selbstmitleid, sondern weil es so ist. Wir sind so offensiv, dass wir sogar Witzchen darüber machen. »Hurra, ich habe eine behinderte Tochter, deshalb darf ich endlich Witze über Behinderte machen!« Humor ist eben, wenn man trotzdem lacht.

Und, klar: Nur weil ein Mensch behindert ist, ist er nicht gleich krank. Er kann genauso gesund sein und sich auch so fühlen. Menschen mit Behinderung leiden auch selten an der Behinderung selbst, sondern eher an den Lebensumständen. Ich kann also verstehen, wenn sich andere Eltern an Begrifflichkeiten aufhängen und es vielleicht sogar traurig finden, wenn man ihre Kinder als krank bezeichnet.

Wenn Redakteure über Angelman-Kinder schreiben, wenn vielleicht sogar ein Filmchen über unser Leben irgendwo läuft und das Wort »krank« fällt, wird das – mit Sicherheit zu Recht – von anderen betroffenen Eltern beanstandet. Weil eine Krankheit die Möglichkeit einer Heilung offenlässt. Sie ist ein Prozess. Der genetische Zustand und die daraus resultierende Behinderung unserer Kinder aber wird sich niemals ändern. Über so etwas macht man sich aber wahrscheinlich erst tiefere Gedanken, wenn man selbst ein behindertes Kind hat.

Wir sollten uns also bitte nicht an Begrifflichkeiten aufhängen und lieber froh sein, dass man über behinderte Menschen spricht. Denn nur so kommen wir unserem Ziel vielleicht ein kleines Stück näher: Inklusion. Dass jeder Mensch dazugehört – egal wie er aussieht, welche Hautfarbe er hat, welche Sprache er spricht, ob er krank oder behindert ist.

FRAGEN IST BESSER ALS GLOTZEN

ANDRÉ Wir haben uns nie an Begrifflichkeiten aufgehalten. Wir glauben, dass man Akzeptanz schaffen kann, indem man direkt ist, frontal auf die Menschen zugeht. Mit dem Wort »behindert« können die meisten Menschen etwas anfangen – ob das nun politisch oder gesellschaftlich korrekt ist oder nicht. Mit einem »Rumgeiere« im Sinne von »Sie ist ein besonderes Kind« – einem Satz, den man mit leiser Stimme und hochgezogenen Augenbrauen sagen MUSS, damit die Wirkung eintritt – macht man den Einstieg in ein Gespräch am Spielplatzrand eher komplizierter. Wenn wir die Schwelle offensiv herabsetzen und keine Tabustimmung verbreiten, fällt das Gespräch zu 99 Prozent leichter. Nicht falsch verstehen: Mari *ist* ein besonderes Kind, und das ist auch die schönste Umschreibung, um es etwa Kindern zu erklären. Aber es ist eben nur eine Umschreibung, ein Drumherumreden.

Politische Korrektheit hat sicher ihre Berechtigung, aber ich benutze sie eben nicht unbedingt, weil es nicht meinem Wesen entspricht.

Wenn ihr uns trefft: Sagt gerne, was ihr denkt. Wir denken mit und wir fühlen uns nicht auf den Schlips getreten. Fragt gerne, wir antworten gerne, denn Fragen ist besser als Glotzen oder Herumstottern!

WIE SICH DAS FAMILIENLEBEN VERÄNDERT

SHARI »Wir können nicht mitfahren.« Auch wenn der Heilige Abend der ungünstigste Moment ist, um ein Geschenk abzulehnen, ist das der erste Gedanke, der mir gerade durch den Kopf geht und den ich André ins Ohr flüstere. »Wie sollen wir mit vier kleinen Kindern fliegen? Was ist, wenn Mari im Flieger einen Krampfanfall hat? Und wie bekommen wir unsere wasserverrückte Mari und zwei weitere Nichtschwimmer auf einer Hotelanlage mit fünf Pools unter Kontrolle?«

Es ist Weihnachten. Wir sitzen mit der Familie an unserem drei Meter langen Esstisch und haben gerade von meinem Opa sein selbst gemachtes Dessert serviert bekommen. Dazu ein wirklich großzügiges Geschenk.

Es hat sich so eingebürgert, dass Weihnachten bei uns zu Hause gefeiert wird. Weil wir genug Platz haben, weil es für die Kinder und insbesondere für Mari gut ist, an so einem aufregenden Abend an einem gewohnten Ort zu sein. Hier hat sie ihren Stuhl, mit dem sie gemeinsam mit uns am Tisch sitzen kann. Sie kann den funkelnden und von uns gesicherten Baum bewundern, ohne ihn umzuschmeißen. Sie darf wie gewohnt gegen acht in ihr eigenes – mit Kamera überwachtes – Bett gehen. Kurz: Sie bekommt die Ruhe und Regeneration, die sie braucht.

Mein Opa möchte also mal wieder die ganze Familie – der engste Kreis umfasst mittlerweile fast 30 Personen – mit in den Urlaub nehmen: Töchter, Söhne, Tanten, Onkel, Cousinen und Cousins, Schwiegersöhne und Schwiegertöchter. Und natürlich seine Urenkel, unsere Kinder. Was ihn das kosten wird, darüber möchte ich gerade gar nicht nachdenken. Es ist ein unglaublich großzügiges Geschenk. Es wäre schon der siebte Großfamilienurlaub, den er spendiert. Und der erste, seit klar ist, dass Mari das Angelman-Syndrom hat.

Urlaub ist nicht nur für mich und André, sondern auch für die Kinder so wichtig. Denn das ist es doch, was das Familienleben ausmacht. Das weiß auch mein Opa. Mit den Kindern ausgiebig Zeit verbringen. Gemeinsam die Welt bereisen. Erfahrungen sammeln. Abenteuer erleben. So habe ich meine Kindheit verbracht, und das wünsche ich mir auch für unsere Kinder.

Und genau das ist es, woran ich das Unglück über Maris Diagnose zu Anfang festgemacht habe: eine Safari in Afrika? Tauchen mit einem Walhai? Mit dem Rucksack durch Thailand? Skiurlaube? Tagelang habe ich geweint, weil es mich so traurig gemacht hat, dass ich meine Träume, meine Wünsche für die Zukunft – so verrückt sie auch sein mögen – niemals mit Mari werde teilen können. Dass vielleicht auch ihre Geschwister und wir auf diese Abenteuer verzichten müssen. Dass unser Familienleben darunter leiden wird.

»Mach dich nicht verrückt. Wir sind eine riesige Gruppe. Das ist eine tolle Gelegenheit, um mal wieder eine Flugreise einigermaßen stressfrei über die Bühne zu bringen.«

So optimistisch wie André kann ich das Ganze gerade nicht sehen. Wir sind für unsere Kinder verantwortlich. Und bestimmt wird jeder mal ein Auge auf sie werfen und uns unterstützen. In den wirklich brenzligen Situationen aber werden wir auf uns alleine gestellt sein: im Flieger. Im Hotelzimmer. Beim Essen. Dreieinhalb Stunden Flug und ein riesiges Hotel, wo die Zimmer weit entfernt vom Restaurant liegen. Schon beim Gedanken daran bin ich schweißgebadet. Und später, als die Weihnachtsgäste fort sind, spreche ich meine Bedenken deutlich aus:

»Wir haben vier kleine Kinder. Wir haben ein behindertes Kind. Wir sind keine normale Familie. Unser Leben hat sich verändert. Und klar, wir bekommen bestimmt Hilfe von den anderen. Aber am Ende des Tages tragen nur wir die Verantwortung und sind ganz auf uns alleine gestellt.«

Unsere letzten Urlaube haben wir in Bayern in unserem Lieblingshotel verbracht. Nur André, die Kinder und ich. Ein Tapetenwechsel, bei dem wir unseren normalen Alltag weiterleben konnten. Nur ohne Kochen, Aufräumen und Putzen. Familienzeit, bei der jeder auf seine Kosten kommt: Reiten, Schwimmen, Wellness. Ein luxuriöses Familienhotel, bei dem wir sichergehen konnten, ärztlich, versorgungs- und betreuungstechnisch bestens ausgestattet zu sein. Und obwohl (oder gerade weil?) der Tagesablauf keinen großen Unterschied zu unserem Alltag machte, haben wir uns entspannt und hatten eine gute Zeit. Am liebsten würde ich nur noch auf die Sonnenalp fahren. Genauso ritualisiert, wie unser Alltag ist und sein muss, hätte ich auch gerne meinen Urlaub. Alles kennen, auf alles vorbereitet sein, kein Risiko eingehen.

»Wir bekommen das schon hin. Hör auf, dich verrückt zu machen, und lass die Dinge auf dich zukommen. Es liegt alleine in unserer Hand, ob wir uns auf *neue* Dinge einlassen und Mari die Chance geben, sie zu erleben. Wir haben nicht nur Mari, und wir wollen allen Kindern das Gleiche ermöglichen. Nur weil es mit Mari etwas stressiger werden könnte, dürfen wir nicht davor zurückschrecken und den anderen damit die Tür dazu verschließen.«

Die Kinder rufen uns aus dem Wohnzimmer: »Wir wollen die Ritterburg aufbauen!« André steht vom Tisch auf und geht zu den im Geschenkemeer badenden Kindern. Alles haben sie aufgerissen, mit allem wollen sie am liebsten sofort und gleichzeitig spielen. Mitten in diesem Gewusel sitzt Mari und knistert mit dem zerrissenen Geschenkpapier. Sie ist so entspannt, glücklich und fasziniert. Nur von dem Papier. Und von ihren wild kreischenden und sehr aufgedrehten Geschwistern.

Mari ist den anderen Kindern in der Entwicklung deutlich hinterher. Und ja, sie kann sich nicht direkt äußern und ihre Bedürfnisse artikulieren, weshalb eine gewohnte Umgebung und feste Rituale sehr hilfreich sind. Sie ist aber immer so entspannt und glücklich. Sie möchte einfach dabei und mittendrin sein.

Ich beobachte André und die Kinder vom Tisch aus. Dabei muss ich an einen Spruch meines Opas denken: Eine Kette ist immer nur so stark wie ihr schwächstes Glied. Wahrscheinlich bin ich das schwächste Glied. Nicht Mari. Weil mich die Dinge schnell stressen oder weil mich die Angst vor dem Ungewissen fesselt. André hat recht: Wir müssen die Dinge auf uns zukommen lassen und mutig sein. Wie in vielen anderen Situationen schon werden wir auch diesmal wahrscheinlich merken, dass Mari das Kind ist, das uns am wenigsten Probleme bereitet. Dass sie entspannt und glücklich ist, solange sie dabei sein darf.

WAS MARI ALLES KANN

SHARI Oft werde ich gefragt, wie wir das alles schaffen. Wie ich das alles schaffe. Und klar, wenn man uns in einem stressigen Moment erlebt, könnte man meinen, dass das schlichtweg nicht zu bewältigen ist.

»Wir wollten das so«, lautet meine Antwort. Ich glaube: Jeder kann so viel schaffen, wie er sich zutraut. Und bestimmt noch viel mehr. Wir haben ein Kind nach dem anderen bekommen, haben uns an die Großfamilie Schritt für Schritt gewöhnt und sie ausgebaut. Wir haben uns bewusst für viele Kinder und viel Stress entschieden.

Und ganz ähnlich ist das übrigens mit Mari: Sie ist auf die Welt gekommen und konnte erst einmal genauso wenig wie alle anderen Säuglinge auch. Sie wird älter und größer. Wir begleiten sie dabei. Sie lernt Dinge; es wird leichter. Und das, was sie nicht oder nur langsam lernt, bringt für uns, wenn überhaupt, nur Erleichterung, keine Verschlechterung. Wir sehen das, was sie kann – und nicht das, was sie nicht kann. Wir sind in keiner Sekunde ins kalte Wasser gesprungen. Schritt für Schritt wachsen und lernen wir mit ihr.

Zum Zeitpunkt der Diagnose 2015 war Mari fast zwei Jahre alt und konnte nicht krabbeln, sprechen, sitzen oder laufen. Wie auch die Ärzte haben wir vor allem eines gesehen, nämlich Defizite. Keine oder nur eine sehr geringe Entwicklung bei unserer Tochter.

2017 hat sich dann unglaublich viel auf einmal getan. Mari hat kurz vor der Geburt ihrer kleinsten Schwester das Laufen gelernt. Sie hat Wege gefunden, um zu zeigen, was sie möchte. Sie holt einen Becher, wenn sie etwas trinken möchte. Geht zum Schrank, wenn sie Hunger hat. Sie setzt sich vor die Treppe, wenn sie im Keller schaukeln möchte.

Heute führt sie eigenständig Gabel oder Löffel zum Mund. Sie kann alleine trinken. Viele kleine Schritte, die uns erahnen lassen, was noch alles möglich ist. Was Mari noch alles lernen kann. Die scheinbare Entwicklungsstarre, in der sich Mari in ihren ersten zwei Lebensjahren befunden hat, ist durchbrochen. Mari lernt so viel. Jeden Tag.

Unser Alltag ist für uns also ganz normal. So normal, wie ein Leben als Großfamilie sein kann. André geht arbeiten, ich bin zu Hause. Ein Kind geht in die Schule, zwei Kinder gehen in den Kindergarten. Ich kümmere mich um unsere jüngste Tochter. Ist nicht großartig anders, anstrengender oder aufregender als bei anderen Großfamilien auch.

Und die paar Extraaufgaben, die durch Mari jeden Tag auf uns warten, gehören zu unserem Alltag. Das Wickeln. Das Anziehen. Ein anderer Kindergarten als bei allen anderen Geschwistern. Das Füttern. Die Medikamente. Der ewige Kampf mit der Krankenkasse. Und natürlich die fehlende Sprache, die immer große Interpretationsgabe von uns, den Betreuern und unserer Familie fordert.

Allerdings bin ich der festen Überzeugung, dass jede Familie ihre speziellen Extraaufgaben zu bewältigen hat. Ich schätze mich also extrem glücklich, vier wunderbare Kinder, einen wahnsinnigen Mann und ein schönes Zuhause zu haben. Und ich möchte mich nicht über meine Extraaufgaben beschweren. Ganz im Gegenteil: Ich versuche, positiv zu denken, und freue mich sehr über die Dinge, die Mari dazulernt.

Wenn man über den Alltag mit dem Angelman-Syndrom liest oder von ihm hört, entfacht das vielleicht Mitleid, Mitgefühl oder Sorge. Zumindest ist es mir so ergangen, als ich kurz nach der Diagnose sämtliche Berichte im Internet gelesen habe. Geplagt von Zukunftsängsten konnte ich nicht glauben, dass wir das jemals schaffen werden. Doch diese Angst war unbegründet. Man wächst mit seinen Aufgaben, und selbst die scheinbar schlimmsten Szenarien entwickeln eine Selbstverständlichkeit, so dass sich die Herausforderungen gut in jeden Alltag integrieren lassen. Ich habe im Zusammenleben mit Mari verstanden: Die Angst vor einer Behinderung und die Ungewissheit sind also schlimmer als das reale Leben mit der Behinderung selbst.

DAS HANDYULTIMATUM

SHARI »Schatz? André? Wach auf!« Ich ziehe an der Bettdecke und rutsche näher an ihn heran. »Ich hatte einen Handyalbtraum.« André öffnet die Augen. »Schon wieder?«, nuschelt er, nimmt mich in den Arm und schließt seine Augen wieder.

Ich bin voller Adrenalin. Und unglaublich froh, dass André bei mir ist.

Elf Jahre Altersunterschied. Meine Renteninformationen sehen immer deutlich bescheidener aus als Andrés. Ich habe noch studiert, als André schon fast 15 Jahre Berufsleben hinter sich hatte. Und gerade deswegen habe ich immer extrem viel Wert darauf gelegt, mich an unseren Ausgaben zu beteiligen. Miete, Einkäufe, Urlaube. Ehrlicherweise nur bis zur Hochzeit, dann hatte das Ganze irgendwie einen anderen Anstrich. Aus zwei Leben wurde eins. Auch wenn André mir schon in der ersten Woche unseres Kennenlernens gesagt hat, dass sein Geld auch meins ist.

Ich habe also immer gearbeitet. Während des Studiums als Kellnerin. »Hör mit dem Kellnern auf, du kannst nichts schlechter als das«, hat er gesagt. Und er hatte recht. Wenn mir eins nicht liegt, dann freundlich sein, wenn ich eigentlich schlechte Laune habe. Nett zu Leuten sein, die ich doof finde. Ich war wirklich ungeeignet. Mich würde nicht wundern, wenn André dem Café Geld bezahlt hat, damit sie mich nicht entlassen. Ich hatte am Ende des Monats auf jeden Fall ein Gehalt. Und ich konnte Miete zahlen, einkaufen gehen und die Prepaid-Karte meines Nokia 6300 regelmäßig aufladen. Als Studentin.

Das Erste, was André für mich abgeschlossen hat, die erste wirkliche Investition in mich, war ein Handyvertrag mit Handy. Ein nagelneues iPhone 4 mit Alles-inklusive. Das neueste Smartphone mit Internet- und Telefonier-Flatrate. Im Jahr 2010 die Freiheit in Tüten. Ein wahnsinniges Gefühl. Ich wurde zur Sehenden unter den Blinden. Der Vertrag lief und läuft über André.

Seit diesem Tag im Juli 2010 verfolgen mich – anfangs häufiger, mittlerweile nur noch ganz selten – diese Handyalbträume. Sie sind immer anders, irgendwie aber jedes Mal gleich. André kommt darin vor. Und ich. Im Kern geht es um mein Handy. André hat sich von mir getrennt und Handyvertrag samt Handy gehen zurück in seinen Besitz. In manchen Versionen ziehe ich zurück zu meiner Mutter und ihrem Freund, in anderen gehören das Handy und die Telefonnummer jetzt Andrés neuer Freundin. Manchmal haben wir uns fürchterlich gestritten und ich habe ihm das Handy hinterhergeworfen, in anderen Versionen hat er mich verlassen und das Handy bösartig von mir eingefordert. Egal welche Version: Es ist immer ein Albtraum. Und es braucht nicht Sigmund Freud, um diese Träume zu deuten – ich habe ja mit dem »Ertrinken- und Handytraum« ein ziemlich leicht zu entschlüsselndes Beispiel erzählt.

Ich erinnere mich an die Nacht, in der wir stundenlang über diese, später auch über andere Träume gesprochen haben. Mittlerweile haben wir Traumdeutungen zu einem Hobby gemacht. Denn falls ich es noch nicht erwähnt habe: André Dietz diskutiert, analysiert und informiert gerne. Und er zieht mich in seinen Bann. »Freud spricht hier von einer Verschiebung. Das Handy und der Vertrag sind natürlich ein Zeichen von Abhängigkeit, einerseits. Andererseits steht es für unsere Beziehung. Sprich: Solange im Traum der Handyvertrag besteht, besteht auch unsere Beziehung. Der Handyvertrag ist also nicht mehr als ein Symbol. Und eine Projektion deiner Ängste.« So oder so ähnlich hat er es mir erklärt.

Aus dieser Projektion ist ein Running Gag zwischen uns geworden: »Räum die Spülmaschine aus, sonst nehme ich dir dein Handy weg.«

»Bitte schlaf nicht im Gästezimmer, sonst habe ich heute Nacht wieder einen Handytraum.«

»Auch wenn ich vor laufenden Kameras mit anderen Frauen schlafe: Dein Handy gehört dir.«

SHARI SHARI LADY

ENDLICH ZU HAUS

ICH HALTE DICH IM ARM
UND ICH BLICK ZURÜCK
UND ALLES STIMMT
WEIL DU BEI MIR BIST

UND ICH HÄTT NIE GEDACHT
DAS EIN LEBEN WIE DAS HIER SO EINFACH IST

ICH WAR JEDE NACHT
EIN LEICHTES ZIEL
VON MIR BLIEB NICHT VIEL

UND DIE TASCHEN WAR'N LEER

UND ICH HÄTT NIE GEDACHT
DAS EIN LEBEN WIE DAS HIER SO EINFACH WÄR

ICH WAR JEDEN TAG
IN MEINER EIGENEN WELT
AUF MICH SELBST GESTELLT
UND ICH WOLLTE ES SO SEHR

DOCH ICH HÄTT NIE GEDACHT
DAS EIN LEBEN WIE DAS HIER SO EINFACH WÄR

VIELE SIND GEKOMMEN
UND DU BIST NICHT GEGANGEN
HAST MICH EINGEFANGEN
EGAL MIT WELCHEM MASS MAN MISST

HÄTT ICH NIE GEDACHT
DAS EIN LEBEN WIE DAS HIER SO EINFACH IST

MIT DIR BIN ICH ENDLICH ZU HAUS
UND DIE MUSIK
GEHT NIE
WIEDER
AUS

ANDRÉ Das ganze Leben, jeder Song, jedes Buch und jeder Film hat einen Motor: die Suche, das Erringen, den Verlust, das Wiedererlangen und den Erhalt der Liebe.

Nach dem Tod meiner Eltern verspürte ich keine Ängste mehr.

Nur davor, dass die Liebe mir das Genick bricht.

Ich hatte damals allerdings nicht geahnt, wie einfach die Liebe sein kann. Ich dachte immer, ich muss es schwer haben. Eine Frau muss es mir schwer machen, damit ich auf sie abfahre. Ich war sogar kurz davor, deswegen eine Therapie zu machen.

Dann kam Shari.

Wie bereits erwähnt, mussten wir natürlich auch lernen zu streiten, zu lieben und zu akzeptieren. Wir mussten ein paar Kompromisse machen, aber wir waren kompromisslos in unserer Wahl des anderen.

Wir fanden uns schön, sexy, intelligent, lustig, ehrlich, geradeaus, versaut, manierlich, und wir konnten voreinander kacken. Ja, richtig gelesen. Es gibt NICHTS, was wir dem anderen nicht sagen oder zeigen könnten.

Es gibt Leute, die sagen, dass jeder seine Privatsphäre und Geheimnisse braucht, damit es spannend bleibt und man ein Individuum ist. Mag sein. Für uns zählt das nicht. Und die Angst, die ich mal hatte, die falsche Gewissheit, es schwer haben zu müssen, damit es »spannend« bleibt, die hat sich in Luft aufgelöst.

Klarheit, Ehrlichkeit, Direktheit, Wahrheit, schnörkellose Liebe und Vertrauen: Das ist mein neues Spannungsmoment. Stress haben wir sowieso genug.

Und wir nehmen uns unsere Freiheit, auch mit vier Kindern, denn wir waren zuerst da. Und die Kinder lernen, dass Mama und Papa eben ein Paar sind, das ab und zu auch Zeit für sich braucht.

Ich kann mir vorstellen, dass viele Leute uns nicht abnehmen, dass unser Leben eine Ausgeburt des Glücks ist. Und natürlich kracht es auch bei uns manchmal – und zwar richtig. Aber meist ist das nur von kurzer Dauer. Denn wir versuchen nie mit einem ungelösten zwischenmenschlichen Problem ins Bett zu gehen. Bisher hat das höchstens zweimal nicht geklappt. Eine verdammt gute Quote für fast zehn Jahre.

FUN FACT

ANDRÉ Im Alter von fast 32 Jahren begann Shari Kaffee zu trinken. Ihr Tatendrang seither ist unbändig. Aus heutiger Sicht würde ich sagen: Hätte Shari schon damals Kaffee getrunken, als wir uns kennenlernten, hätten wir heute wahrscheinlich zwei Häuser und acht Kinder.

»WAS SOLL DIESER ESO-QUATSCH?«

SHARI »Eine Eigenblutbehandlung und Öle? Ist das dein Ernst?« André lebt nicht gesund. Er ist ein Genießer und liebt es, lecker und viel zu essen. Lange wach zu bleiben, um dann mit wenig Schlaf einen ganzen Tag im Studio zu drehen. Ohne Tageslicht, ohne frische Luft, ohne große Pausen. Er ist jemand, der bis zum Limit arbeitet – um sich anschließend noch mit Freunden in einer Kneipe um die Ecke zu treffen.

In den letzten Monaten war André aber unentwegt krank. Bei ihm ist das immer uferlos: Fieber, Halsschmerzen, Antibiotikum. »Seit du bei mir bist, kann ich vielleicht einfach mit gutem Gewissen krank sein.« Das war mal eine seiner Theorien, als er zum wiederholten Mal eine komplette Woche lang flachlag. Irgendwie romantisch – und trotzdem unnötig. Zu seiner Entschuldigung würde ich sagen: pure Verzweiflung. Auch wenn an seiner Theorie vielleicht ein bisschen was dran sein mag.

Die Konsequenz, die er und sein (ehemaliger) Arzt aus all den Krankheiten gezogen haben? Eine Eigenblutbehandlung und Öle, die er in sein Essen mischen sollte. WTF?

Wir stehen beide nicht auf alternative Heilmethoden, Detox, vegane Ernährung, Nahrungsergänzungsmittel und all die anderen neumodischen Feel-Better-Trends. Das ist eins der vielen Themen, über die wir an unserem ersten Abend ausführlich diskutiert haben und bei denen wir durchweg einer Meinung waren.

Umso überraschter war ich, dass er sich tatsächlich sein eigenes Blut in den Muskel hat spritzen lassen, um irgendeine Reaktion in seinem Körper zu erzielen, die ihn dann hoffentlich gegen die nächste Grippe wappnet.

»Durch die vielen Antibiotika ist mein Immunsystem geschwächt. Dafür die Eigenblutbehandlung. Wir mobilisieren die körpereigene Abwehr.«

»Er könnte dir auch Kochsalzlösung spritzen, bringt bestimmt genauso viel.«

»Wieso?«

»Viel trinken soll doch auch viel helfen. Glaubst du diesen Quatsch wirklich?«

»Er ist kompetent. Warum sollte ich also nicht?«

»Bestimmt reagiert dein Körper irgendwie auf das gespritzte Blut. Es gibt aber rein wissenschaftlich keinen Beweis dafür, dass diese Reaktion Krankheiten heilt oder dein Immunsystem stärkt. Und überhaupt: Seit wann bist du empfänglich für so etwas?«

»Bin ich nicht. Ich hatte wenig Zeit und habe mich einfach auf den Arzt und sein Können verlassen.«

»Das ist gut. Hat er denn mit dir gesprochen? Hast du ihm gesagt, wie ungesund du in letzter Zeit gelebt und wie viel du gearbeitet hast? Mehr Sport und weniger Bier würden vielleicht auch helfen?«

»Ach komm schon!«

André hat gerne recht. Trotzdem gibt es diese kleinen Momente, in denen sein Lächeln verrät, dass auch er mal auf dem Holzweg ist. Gemeinsam hinterfragen und beleuchten wir Dinge, diskutieren und tauschen uns aus.

Methoden, für deren Wirksamkeit es keinen wissenschaftlichen Nachweis gibt, lehnen wir beide strikt ab. Das kann man altmodisch, eingefahren oder beschränkt nennen. Aber es entspricht einfach unserem Sinn für Logik und Korrelation. Manchmal ist der Starrsinn aber auch bei Naturwissenschaftlern recht ausgeprägt. Wir haben das erlebt, als die Ärzte nicht wahrhaben wollten, dass GABA Mari hilft. Aus ihrer Sicht waren unsere Beobachtungen und Aufzeichnungen zur Wirkung von GABA vergleichbar mit dem Glauben an Homöopathie.

Später erzählten wir Freunden, wie wir kämpfen mussten, damit die Ärzte uns in Sachen GABA glaubten – und auch von Andrés Gegenargument, sie könnten ja auch nicht genau erklären, wie die Epilepsiemittel wirkten, die sie empfahlen. Darauf antwortete unser Freund grinsend: »Also wie bei Globuli …?« André hat ihm dann aber ziemlich überzeugend den Unterschied erklärt. Bei GABA geht es um Beobachtungen und Zusammenhänge, die auf einem guten Wege sind, wissenschaftlich bewiesen zu werden. Bei Globuli hingegen geht es darum, ob man glaubt, dass es dem wunden Zeh hilft, wenn man ein Tröpfchen Arnika in den gesamten Atlantik kippt und aus dem Meereswasser dann 10 g Streukügelchen macht – das ist die Verdünnung »D 20« (danke an Christian Buggisch für den Atlantikvergleich!).

AUCH PROMIS MÜSSEN MAL AUFS KLO

SHARI »Lass uns am Wochenende nach Berlin fahren!« André hat seinen Drehplan für die nächste Woche vor sich und unterbreitet mir freudestrahlend dieses Angebot. Ich bin überrumpelt, gleichzeitig aber begeistert von seiner Spontaneität. Jeden Freitag gibt es diese Drehdispo für die darauffolgende Woche. Daran, dass wir immer erst eine Woche vorher planen können, muss ich mich noch gewöhnen. Aber es klingt schlimmer, als es ist. Immerhin ist sein Job so flexibel, dass er gelegentlich auch mal einen halben oder ganzen Tag freihat. Und so passiert es, dass wir ab und an mal den Luxus langer Wochenenden genießen können.

Ich kenne André jetzt seit zwei Monaten. Wir haben schon einige Sekunden, Stunden, Tage und Wochen miteinander verbracht. Wir kennen uns gut, aber natürlich gibt es auch viel, was wir nicht voneinander wissen. Schon eine Woche nach unserem Kennenlernen sind wir nach Hamburg gefahren – in die Stadt, in der ich nur kurz vor unserem Kennenlernen eine so aufregende Zeit hatte. Dieser gemeinsame Trip hat Hamburg sofort zu UNSERER Stadt gemacht. Unsere Freunde, unsere Restaurants, unsere Geschäfte. Es ist wie ein Liebesnest, in das wir immer wieder gerne zurückkehren. Kurz hinter Köln kommt für uns beide sofort Hamburg. In Berlin waren wir noch nicht. Nicht gemeinsam. Neben alten Freunden lebt dort auch Andrés Patenkind. Sollten wir also weiter an unserer gemeinsamen Zukunft festhalten, wäre es wichtig, nach Berlin zu fahren. Um Berlin auch zu unserer Stadt zu machen.

»Guckst du nach Zugverbindungen?«, bittet André mich. »Aber bitte 1.-Klasse-Tickets.« Ich bin überrascht. Vielleicht kenne ich André doch noch nicht so gut, wie ich bisher glaubte. Sind das jetzt diese Starallüren, mit denen ich bisher noch keine Bekanntschaft gemacht habe? Klischees, die noch bedient werden müssen? Ich bin bisher mit meiner Bahncard 2. Klasse immer gut und günstig gefahren und reagiere bockig: »Ich bin Studentin. Hast du eine Ahnung, was 1.-Klasse-Tickets kosten?« Ich winke ab. Diesen Preis würde ich niemals für einen Sitzplatz in einem Abteil bezahlen, nur weil ich da vielleicht eine Zeitung geschenkt bekomme. Und mehr ist es ja wohl nicht.

André zuckt mit den Schultern: »Wie du meinst. Dann buch halt 2. Klasse. Ich habe dich gewarnt.« Mit so wenig Widerstand hätte ich gar nicht gerechnet – aber ich bin froh, dass ich mich offenbar doch nicht getäuscht habe in André.

Eine Woche später im ICE nach Berlin. Ich habe uns keine Plätze reserviert, ein Fehler. Bisher war ich alleinreisend und hab immer einen Platz gefunden. Und ich fand's sogar gut, wenn ich gelegentlich den Platz wechseln musste. Wir laufen durch die Gänge und finden zwei Plätze. Glück gehabt. Kurz hinter Hagen wird unser Abteil voll. Eine Schulklasse steigt dazu. Offensichtlich sind sie im falschen Abteil, hier ist nämlich kein Platz mehr frei. Ich merke, wie André sichtlich nervös wird und seine Kappe tiefer ins Gesicht zieht. »Lass uns Plätze tauschen«, er zieht mich hoch, quetscht sich an mir vorbei und setzt sich ans Fenster. »Was ist los?«, frage ich ihn und halte Ausschau nach seiner Exfreundin. Die wäre die Einzige, die eine solche

Panik in ihm auslösen könnte, glaube ich. Er guckt angestrengt aus dem Fenster, stützt den Kopf in die Hand und legt die Finger in sein Gesicht. »Die Kinder«, nuschelt er. Ich drehe mich zum Gang und merke, wie die Klasse an uns vorbeizieht. Sie sind laut und aufgedreht. Ein Mädchen bleibt neben uns stehen. »Da ist der Ingo!«, ruft sie ihren Mitschülern zu, die hinter ihr aufgereiht im Gang stehen. Ein Gejohle bricht aus, und ich erkenne das Problem: Wir sind auf unseren Sitzen gefangen. Alle Blicke sind auf uns gerichtet. »Ich habe damit nichts zu tun!«, würde ich gerne brüllen. Aber mitgehangen, mitgefangen. »Den kenne ich!«, ruft der Nächste. Seine Tarnung ist aufgeflogen. André wendet sich den Schülern zu und lächelt jedem einzelnen freundlich ins Gesicht. Egal, wie laut, aufdringlich oder unverschämt sie werden. Was bleibt ihm auch anderes übrig? Ich weiß, dass er das gerne macht. Er hat sich diesen Job ausgesucht. Und es ist toll, dass er so viel positives Feedback bekommt. Trotzdem will er mich schützen, uns etwas Privatsphäre ermöglichen. Ich sitze daneben und versuche in meiner Zeitschrift zu blättern. Was anderes fällt mir gerade nicht ein.

»Verstehst du jetzt, warum ich 1. Klasse fahren wollte?« Die Schüler sind endlich von ihrem Lehrer weitergescheucht worden. Trotzdem kommen immer wieder vereinzelt Kinder an uns vorbeigerannt und brechen jedes Mal in großes Gekicher aus, wenn sie uns sehen. Außerdem sind wir auch in den Fokus der restlichen Fahrgäste gerückt. Sie sind auf uns aufmerksam geworden – ob sie André kennen oder nicht. Ich traue mich nicht mehr, etwas zu sagen. Ich fühle mich wie bei meiner mündlichen Abiturprüfung: All eyes on me. Ich bin bereit, jeden Preis zu zahlen, um dem Ganzen ein Ende zu bereiten. Es muss einen Notausstieg geben. Oder eben das 1.-Klasse- Abteil. Ich schnappe mir den nächsten Schaffner: »Können wir in die 1. Klasse wechseln?« Wir nehmen unsere Sachen und wechseln in die teure Klasse. Ein kleiner, finanziell nicht ganz unerheblicher Upgrade. 200 Euro mehr für eine Fahrt nach Berlin. Viele freie Plätze. Und etwas Privatsphäre.

AN DEN GRENZEN DER PRÄNATALDIAGNOSTIK

SHARI »Was ich weiß, ist, dass man nichts weiß.« Wie recht sie hat. Ich sitze mit meiner alten Schulfreundin Hanna auf unserer Couch und wir sprechen über ihre Schwangerschaft und die bevorstehende Geburt ihrer Tochter. Die Erfahrung mit mir hat ihr gezeigt: Schwangerschaften und Geburten sind anstrengend. Anstrengend, aufregend, überwältigend, dramatisch und nie normal. Denn sollten die Kinder wider Erwarten geschmeidig und fast schmerzlos zur Welt kommen, dann ist oft davor oder danach etwas Unvorhersehbares passiert. Davon hat auch Hanna immer wieder gehört.

Hanna ist sehr abgeklärt. Das könnte man jetzt auf ihren Job zurückführen – sie ist Rechtsanwältin. Allerdings war sie das schon zu Schulzeiten. Und deswegen haben wir uns wahrscheinlich auch schon immer so gut verstanden. Wir hatten immer einen Plan, und wir hatten unsere Prinzipien. Manchen Fächern sind wir komplett ferngeblieben, das meiste haben wir trotzdem geschafft. Alles andere hätten wir sowie nicht gebraucht. Das wussten wir auch schon damals. Wir beide waren ein gutes Team. »Mit den Problemen umgehen, wenn sie da sind«, das ist und war schon immer unsere Devise. Wir haben unser Abitur trotzdem oder gerade deswegen geschafft und unsere Ziele erreicht.

Hanna ist in der 9. Schwangerschaftswoche. »Welche Vorsorgeuntersuchungen würdest du mir empfehlen?«, fragt sie mich. »Ich will nur das machen, was nötig ist. Wir bekommen sowieso jedes Kind«, schiebt sie noch hinterher. Ich freue mich, dass sie das sagt. Immerhin habe ich ein behindertes Kind, und es schmerzt mich immer sehr, wenn ich insbesondere bei Freunden das Gefühl habe, sie würden ein Kind mit einer Behinderung, ein Kind wie Mari, abtreiben. Auch wenn ich es verstehe.

Vier Kinder. Vier Schwangerschaften. Eine Menge Ultraschalluntersuchungen. Wenn nicht die Dietzens Profis sind, ja, wer dann? Obwohl wir keine medizinische Ausbildung haben, können wir auf dem Ultraschallbild einen Penis von einer Scheide unterscheiden. In der 13. Schwangerschaftswoche. Das ist nämlich der Zeitpunkt, bei dem wir bei all unseren Kindern wussten, ob blau oder rosa. Und dass sie, soweit erkennbar, gesund waren. Unsere kompetente und wirklich tolle Ärztin, die uns bestmöglich aufgeklärt hat, verwendete übrigens nie das Wort »gesund«. »Unauffällig«, hat sie immer gesagt.

»In meiner ersten Schwangerschaft habe ich sämtliche Untersuchungen machen lassen«, erkläre ich Hanna. »Nicht weil ich Angst vor irgendwas hatte, sondern weil ich dachte, das macht man eben so.« Trisomie 21 ist bei den Vorsorgeuntersuchungen immer wieder Thema. Nackenfaltenmessung, Bluttest. Wahrscheinlich, weil es statistisch häufiger auftritt als andere erbliche Behinderungen. Heute habe ich eine andere Sicht darauf. Bei allem, was ich schon gesehen habe, ist Trisomie 21 immerhin einer der Gendefekte, die schon gut erforscht sind. Es gibt Tausende Gendefekte. Viele haben keine Auswirkungen auf die Kinder, mit anderen kann man sehr gut leben, und die meisten sind noch nicht erforscht oder man ist sich über ihre Existenz noch nicht einmal bewusst. »Ich wollte alle Tests machen und sichergehen, dass unser Kind *gesund* ist«, fahre ich fort, »unser Kind war unauffällig und in meinen Augen *gesund*. Wir haben uns sehr gefreut. Und schließlich eine lange Zeit auf der Intensivstation einer Kinderklinik verbracht.« Wie all unsere Freunde war auch Hanna in dieser Zeit immer am Start und hat noch alles genau vor Augen.

»In der zweiten Schwangerschaft dasselbe Spiel. Von dem Wort ›gesund‹ hatte ich mich nach der Analatresie unseres Sohns gedanklich schon etwas distanziert, auch von ein paar Vorsorgeuntersuchungen. Wieder alles unauffällig und Mari eine gesunde kleine Maus.« Ich bekomme Gänsehaut beim Erzählen. »Mit dem Angelman-Syndrom«, fügt Hanna hinzu. Ja. Das haben wir allerdings erst erfahren, als Mari fast zwei Jahre alt war. Ein seltener Gendefekt. Eine Laune der Natur. Ein Syndrom von Tausenden, auf das ohne konkreten Verdacht bei keiner Vorsorgeuntersuchung in der Schwangerschaft getestet werden kann.

»Zwei weitere Schwangerschaften. Zwei weitere *gesunde* Kinder.« Ich lege meiner Freundin schließlich meine Erkenntnisse zur Pränataldiagnostik nahe: Wir wünschen uns Kinder. Und wir haben bis heute – glücklicherweise – dank ethischen und moralischen Schranken noch nicht die Möglichkeit, das Geschlecht, die Haar- und Augenfarbe, die Schuh- und Hosengröße oder die Intelligenz unseres Kindes zu beeinflussen oder zu bestimmen. Natürlich wünschen wir uns selbstbestimmte, selbstbewusste, selbstorganisierte und »normale« Kinder, die ab einem bestimmten Zeitpunkt eigenständig ihr Leben leben können. Aber wir haben nicht das Recht, über *gesund* oder nicht zu entscheiden. Schließlich ist auch Mari ganz gesund. Mit einem Gendefekt. Die Möglichkeiten der Pränataldiagnostik sind begrenzt, teilweise irreführend. Sie können eine Schwangerschaft zerstören oder zu einem Albtraum werden lassen. Wir hatten bei allen Schwangerschaften das Glück, die Zeit zu genießen. Weil wir uns eben nicht verrückt gemacht haben.

Ich lege meinen Arm auf Hannas: »Also entspann dich und mach die Standard-Ultraschalluntersuchungen. Im letzten Schwangerschaftsdrittel empfehle ich dir einen großen Organulraschall, damit du entscheiden kannst, ob es Risiken gibt und wo du entbindest. Denn gegebenenfalls muss eine Kinderintensivstation mit an das Krankenhaus angeschlossen sein, wobei die Kinder in besonders schwierigen Fällen sowieso in die nächste Kinderklinik gebracht werden.«

Und ich füge hinzu: »Es ist eine natürliche Geschichte, bei der theoretisch nicht viel schiefgehen kann.« Dabei streichle ich ihr über ihren kleinen Bauch. »Man sollte nur das Wort ›normal‹ infrage stellen«, antwortet sie mir. »Richtig«, entgegne ich ihr, »normales Schwangerwerden, normale Schwangerschaft, normale Geburt, normales Kind. Was genau ist normal?« Wir müssen grinsen. »Ich warte einfach ab und nehme alles so, wie es kommt«, sagt sie. Etwas Besseres hätte ich ihr auch nicht raten können.

UMGANG MIT BERÜHRUNGSÄNGSTEN

SHARI »Wie sind eigentlich deine Arbeitszeiten?«, ist eine der häufigsten Fragen, die uns gestellt werden. Also noch vor: »Wir kennen uns doch irgendwoher?«, oder: »Wie viel Ingo steckt in André?«, oder: »Muss André viel Text lernen?«, oder: »Hast du überhaupt etwas Richtiges gelernt?« Und seltsamerweise scheint es Hemmungen zu geben, uns diese erste Frage direkt zu stellen. Auch wenn sie scheinbar viele brennend interessiert. Denn zunächst entstehen immer seltsame Situationen. Für uns und für alle anderen.

Letzte Woche zum Beispiel. Wir waren auf einem Weinfest in unserem Dorf. Per se schon mal eine schlechte Idee. Volksfeste sollte man mit André einfach meiden. Nicht, weil er sich dort schlecht benähme, sondern weil viele Menschen – egal ob Teenager oder Senioren – spätestens im angetrunkenen Zustand einfachste Umgangsregeln vernachlässigen und Menschen nur sehr selten höflich oder zurückhaltend sind.

Aber Freunde haben uns nun mal gefragt, ob wir dazustoßen und sie und ihre Freunde treffen wollen. Wir kommen also – wie immer zu spät – zum verabredeten Treffpunkt und gesellen uns zu einer großen Gruppe. Jan und Janina begrüßen uns und wir freuen uns sehr, die beiden zu sehen. Jan besorgt uns einen Wein und wir versuchen, uns auch den anderen Paaren vorzustellen. Dabei stoßen wir überwiegend auf freundliches Nicken und abschweifende Blicke. Ein Gespräch kann so nicht entstehen. Das könnte man jetzt dem Trubel des Weinfestes zurechnen, fehlendem Interesse oder einfach großer Unsicherheit. Nach einiger Zeit dreht sich ein junger Typ zu André um: »Musst du eigentlich jeden Tag arbeiten oder wie sind deine Arbeitszeiten?« Die Frage kommt genauso überraschend wie unerwartet, da dieser Typ André vorher keines Blickes gewürdigt hat.

Und um dafür mal eine allgemeingültige Antwort zu geben: Schauspieler arbeiten wie alle anderen auch. Nur nicht so regelmäßig. Für gewöhnlich acht Stunden am Tag, gerne aber auch mal zwölf.

Und dann gibt es diese Tage, wo sie nur zwei Stunden arbeiten. Die sind allerdings leider die Ausnahme. Einen Großteil ihrer Arbeitszeit verbringen sie mit Warten. Warten darauf, dass alle da sind, darauf, dass alle fertig sind, und darauf, dass sie endlich dran sind. Für unseren Alltag bedeutet das: Er ist alles, nur nicht planbar. Zumindest nicht mit André planbar. Denn sollte er mal wider Erwarten einen ganzen Tag freihaben, ruft garantiert die Produktion an, weil es einen Krankheitsfall gibt und André doch sofort ins Studio zum Arbeiten muss.

Warum die Leute das interessiert, und vor allem, warum sich die Leute, bevor sie diese Frage stellen, so seltsam verhalten, ist schwer einzuschätzen. Vielleicht, weil sie uns oder vielmehr André nicht zu nahe treten wollen. Oder weil sie André Privatsphäre schenken und ihn nicht besonders behandeln wollen. Sie können ihn aber leider auch nicht normal behandeln.

Auf jeden Fall ist die Frage immer nur der Opener, um über Andrés Job zu sprechen, der – ja, okay – nicht ganz gewöhnlich ist und für den Zuschauer, Fan oder eben auch für jemanden, der die Serie nicht guckt, einige Fragen offenlässt. Auf die Frage nach den Arbeitszeiten folgt oft die, wie es ist, ständig von fremden Leuten angesprochen zu werden. Mit jeder Frage und Antwort tritt mehr Gelassenheit ein. Für beide Seiten. Was es für uns oft wesentlich einfacher macht.

Ein ähnliches Problem haben wir im Übrigen mit Mari. Es scheint, als wollten uns die Leute da nicht zu nahe treten, uns Privatsphäre schenken. Als wäre es ein Thema, über das man schweigt, damit keine peinliche Situation entsteht. (Und die oben erwähnten Fettnäpfchen der politischen Korrektheit spielen sicher auch eine Rolle.) Kommen wir mit fremden Leuten ins Gespräch (und das passiert regelmäßig, weil man mit vier Kleinkindern und Hund einfach immer auffällt), wird eigentlich nie thematisiert, dass Mari anders ist. Dass sie behindert ist. Außer wir sprechen das Thema an. Und wir haben eigentlich immer das Bedürfnis, uns zu erklären. Zu sagen, dass Mari ein besonderes Kind ist. Dass sie uns versteht oder zumindest zum Teil versteht, dass sie allerdings nicht sprechen kann. Zu erklären, warum sie von uns im Kinderwagen geschoben wird, warum sie ihre Hand ständig im Mund hat, mit dem Oberkörper hin und her wippt oder stöhnende Geräusche von sich gibt.

Wenn wir unser Herz dann also ausschütten, damit die Situation entspannter wird und unsere Mari nicht mehr der »elephant in the room« ist, kommt meistens der umstrittene Satz: »Oh, das tut mir aber leid.« Umstritten deswegen, weil ich immer wieder lese, wie sich Eltern anderer behinderter Kinder darüber echauffieren: »Das muss doch niemandem leidtun, wir lieben unser Kind, wie es ist!«

Wir verstehen die anderen Eltern, können die Aufregung allerdings nicht teilen. Die Menschen wollen uns ihr Mitgefühl aussprechen, und das ist doch grundsätzlich erst einmal sehr nett und letztendlich ja auch eine klassische Umgangsregel. Widerfährt jemandem etwas Schlimmes, nimmt man Anteil. Jetzt ist Mari für uns nichts Schlimmes. Aber das wissen die Leute ja nicht. Sie sehen in diesem Moment die Probleme, die man mit einem »gesunden« Kind anders beziehungsweise gar nicht hätte. Den Pflegeaufwand oder die Dinge, auf die das behinderte Kind verzichten muss oder die es nicht erleben kann.

Wir fühlen uns immer gut, wenn wir über Mari sprechen können. Wenn wir uns und sie erklären können. Und wir sind glücklich über jede Reaktion, die wir in unserem Gegenüber auslösen. Denn so ist Mari existent und nimmt an unserem Leben teil. Auch wenn sie nicht sprechen kann.

Klar, man kann André und seinen Beruf nicht mit Mari und ihrem Angelman-Syndrom vergleichen. Am Ende ist aber beides etwas Mysteriöses. Etwas, worüber die Menschen nicht viel wissen, was sie aber durchaus interessiert, auch wenn sie nicht wissen, wie sie es ansprechen oder reagieren sollen.

Wir haben kein Problem, darüber zu sprechen. Ganz im Gegenteil: Wir freuen uns, wenn die Menschen Interesse zeigen und an unserem Leben teilhaben wollen. Deshalb: Fragt bitte, was ihr fragen wollt, und fragt es dann, wenn es euch durch den Kopf geht. Alles andere verunsichert nicht nur euch, sondern auch uns. Also: Wir freuen uns auf das Gespräch mit euch!

»DASS SO ETWAS AUCH PROMIS TREFFEN KANN«

SHARI André tippt fieberhaft. »Kann ich das so schreiben?« Er schiebt mir das Handy rüber. Wir sitzen auf unserer Couch, völlig erschlagen vom Tag und glücklich, weil endlich alle Kinder schlafen. Zeit nur für uns. Auf dem Handydisplay ist ein Facebook-Beitrag geöffnet. Text und Foto.

Ich erkenne das Bild. André lächelt in die Kamera und Mari kuschelt sich auf seinem Arm an seine Schulter. Man sieht sie nur von hinten. Die Aufnahme ist etwa ein halbes Jahr alt.

Ich erinnere mich genau an den Tag, als sie entstand. Es war im Sommer 2015, Mari war ungefähr anderthalb Jahre alt, ihre kleinere Schwester muss zwei oder drei Tage vorher geboren sein. Ein sehr heißer Sommer. André hatte Urlaub. Wir waren alle zusammen mit dem Hund im Wald und haben einen kurzen Spielplatzstopp eingelegt. Geschwächt von der Geburt, war ich froh über eine kurze Pause.

Aber auf dem Spielplatz war unglaublich viel los, und das hat mich verunsichert wie nie zuvor. So viele Leute haben geguckt. In erster Linie wegen Mari, so meine Vermutung. Wahrscheinlicher wegen des frischen Säuglings, den ich auf dem Arm hatte. Am wahrscheinlichsten wegen André, der ja gerne mal den einen oder anderen neugierigen Blick auf sich zieht. Ich weiß das, habe es in diesem Moment aber komplett ausgeblendet. Für mich galten die Blicke alle Mari – und dem Vergleichen der beiden Schwestern. Denn obwohl Mari schon relativ groß war, verhielt sie sich eigentlich genauso wie ihre frisch geborene Schwester.

Die Geburt unseres dritten Kindes hat mir damals zum ersten Mal klar vor Augen geführt, dass Mari wie ein Säugling war. Sie hat auf Andrés Schoß gelegen und die Blätter an den Bäumen beobachtet. Kein Interesse an umherlaufenden Kindern auf dem Spielplatz. Ohne Möglichkeit, am wilden Treiben teilzunehmen. Und ich war überzeugt, dass in diesem Moment auch alle um uns herum merkten, dass etwas gewaltig nicht stimmt.

Ich war so froh, als André ziemlich schnell entschieden hat, dass wir weitergehen. Mari hat sich an seine Schulter gelehnt. Dann habe ich dieses Foto gemacht. Die Erleichterung über den Aufbruch steht André ins Gesicht geschrieben.

Den Text auf Andrés Handy erkenne ich auch. Es sind Versatzstücke aus einem Blogbeitrag, den wir gemeinsam geschrieben und – passend zum International Angelman Day – auf Andrés Homepage veröffentlicht haben.

Ich gebe André das Handy zurück. »Poste das so!«, bestärke ich ihn. »Bist du sicher?« André hat auf Facebook viele Fans und damit eine große Reichweite. Es wird zur direkten Interaktion kommen, mit der wir uns auseinandersetzen müssen. Aber ich bin mir sicher. »Na klar. Jetzt sollen es auch wirklich alle wissen.«

Eine Stunde später ist der Beitrag bereits 60 Mal geteilt und schon mehr als 160 Mal kommentiert worden. Wir lesen jeden einzelnen Kommentar. Sind bewegt und berührt von dem Feedback. Einige Beiträge verwundern uns, andere machen uns nachdenklich. Über wieder andere können wir nur ratlos staunen.

»(…) da kann man mal sehen, dass so was auch Promis treffen kann (…)«

Natürlich. Am Ende des Tages sind wir nicht Bäcker, Schreiner, Arzt, Journalist oder Schauspieler – wir sind alle Menschen. Und man muss kein Atheist sein, um sagen zu können: Es kann jeden treffen. Und es hat nichts mit Religion, Intelligenz, Bankkonto und vor allem nicht mit Schicksal zu tun, ob unsere Kinder behindert oder nicht behindert sind.

»(…) besondere Kinder suchen sich besondere Eltern (…)«

Nein! Es ist ein Zufall, dass wir es sind, die Mari bekommen haben, und nicht andere Eltern. Sonst nichts. Bestimmt schreiben die Leute das, weil sie uns (und mit Sicherheit auch sich selbst) eine Erklärung geben wollen. Eine Erklärung, die stark machen und Hoffnung geben soll. Dass Dinge aus einem Zufall heraus passieren, widerspricht einer Eigenschaft des Menschen: Er glaubt an Ursache und Wirkung. Es passieren Dinge und er sucht nach einer Erklärung, die er verstehen und beeinflussen kann. Der Zufall reicht nicht als Auflösung. Wir haben es aber auch schon erlebt, dass behinderte Kinder in Familien geboren wurden, die es nicht schaffen konnten. Haben sich diese Kinder auch diese Eltern ausgesucht? Oder noch klarer: Hat Gott diese Familien zusammengestellt? Damit sie scheitern? Oder war vielleicht auch bei uns vorgesehen, dass wir scheitern – und wir haben uns an Gott versündigt, weil wir es hinbekommen? Allein diese – zugegeben polemisch zugespitzten – Fragen zeigen, wie willkürlich und sinnlos solche Erklärungsversuche sind. Obwohl sie meistens gut gemeint sind – jedenfalls, solange nicht von »der Strafe Gottes« die Rede ist.

»... habt ihr schon darüber nachgedacht, dass das ein Impfschaden sein könnte?«

Schon mehrmals gehört. Ich habe ja weiter oben schon etwas dazu geschrieben. Das Angelman-Syndrom ist ein Gendefekt, war also vor der ersten Impfung da. Dass es bei Mari erst nach fast zwei Jahren diagnostiziert wurde, liegt daran, dass die Symptome nur nach und nach sichtbar wurden und erst dann nach der Nadel im Heuhaufen gesucht werden konnte. Mehr gibt es dazu nicht zu sagen.

»Es gibt eine Möglichkeit, die Krankheit deiner Tochter aufzulösen. Bitte meine Website komplett lesen, wo die Ursache genau beschrieben ist.«

Und dann so was. Kommentare von Menschen, die aus dem Unglück und der Verzweiflung anderer Profit schlagen und sich bereichern wollen. Oder die einfach nur Wichtigtuer und Wirrköpfe sind. Wir sind unerschütterliche Optimisten, vor allem aber Realisten. Ein Gendefekt ist keine Krankheit, und es ist auch nicht möglich, ihn aufzulösen oder zu heilen. Obskure Wunderheiler machen uns einfach nur sauer.

Das Internet macht es uns so leicht, von Mari und vom Angelman-Syndrom zu erzählen. Wir können uns mitteilen und versuchen, unser Leben und unseren Weg zu erklären. Um uns mit anderen Betroffenen auszutauschen, Unwissende zu informieren und nach Hilfe und Beratung zu suchen. Dialog kann schnell und einfach stattfinden, genauso schnell kann man sich aber auch öffentlich zur Zielscheibe machen. In unserem besonderen Fall ist das zum Glück nicht passiert, trotzdem müssen wir bei vielen Kommentaren schwer schlucken. Da tun sich manchmal Abgründe auf – auch wenn wir wissen, dass in den meisten Fällen gute Absichten damit verbunden sind.

INKLUSION: ILLUSION?

SHARI Januar 2016: »Geschwisterkinder bekommen automatisch einen Platz in der Einrichtung.« Glück gehabt. Ich habe Maris Anmeldung im Kindergarten abgegeben und bin erleichtert. Denn auch wenn ich mich am liebsten über die in Nordrhein-Westfalen immer noch existenten Kitabeiträge beschweren würde, freue ich mich, dass wir so viel Glück mit unserem Kindergarten haben und dass auch Mari hier willkommen ist.

Vier Monate später. Ich habe unseren Großen gerade im Kindergarten abgegeben, als mich die Kitaleiterin in ihr Büro bittet: »Frau Dietz, haben Sie noch einen Moment für mich?« Ich ziehe Maris Kinderwagen zurück und schaue in das Büro. »Klar, worum geht es?« – »Ich würde gerne mit Ihnen über Mari sprechen, setzen Sie sich doch.«

Für einen kurzen Moment erstarre ich. Dann atme ich durch und hebe Mari aus dem Kinderwagen. Ein nervöses Zucken geht mir durch Mark und Bein, trotzdem versuche ich, gelassen zu bleiben. Ich weiß, wie nah ich – insbesondere bei diesem Thema – am Wasser gebaut bin und wie schnell ich dann die Nerven verliere. Das. Darf. Jetzt. Nicht. Passieren!

Gedanklich lege ich mir alle Argumente zurecht. Wäre André jetzt doch nur hier! Er ist argumentativ einfach in jedem Bereich, über den er sich informiert hat, unschlagbar. Ich vergesse besonders in Extremsituationen gerne die Hälfte und habe dann oft das Gefühl, mit unausgegorenem Halbwissen zu hantieren und mich dabei auf dünnem Eis zu bewegen. Mari ist jetzt zweieinhalb Jahre alt und soll in zwei Monaten in den Kindergarten kommen. Sie kann noch immer nicht laufen, das hat auch der Kindergarten zur Kenntnis genommen. Jeden Tag robbt sie durch die Gänge, wenn wir ihren Bruder abholen. »Frau Dietz, ich habe Sie ja schon vor einigen Wochen gefragt, ob ich Ihnen einen Kontakt zu unseren Kollegen vermitteln soll.« Ich erinnere mich. Mit den Kollegen meint sie den – ehemals – integrativen Kindergarten am anderen Ende des Dorfes. »Mari kann noch immer nicht laufen. Sie spricht nicht, kann nicht selbstständig essen. Ihre Tochter hat erhöhten Förderbedarf.« Ja. Sie hat recht. Und sie spricht es aus: Mari ist anders. Ein besonderes Kind. Und das ist auch der Grund, aus dem der Kindergarten sich nicht zutraut, sie angemessen zu betreuen.

Seit einigen Jahren gibt es in Nordrhein-Westfalen die Inklusion. Das bedeutet, dass es keine eigens für behinderte Kinder ausgestatteten, *integrativen* Kindertagesstätten oder Schulen mehr geben soll. Keine Einrichtungen mit Therapieräumen, Therapeuten und geschultem Personal. Jedes Kind mit Behinderung soll jede Einrichtung besuchen dürfen. So will der Landschaftsausschuss des Landschaftsverbandes Rheinland die Inklusion einen großen Schritt voranbringen. Stellt sich ein Kindergarten allerdings quer – aus welchen Gründen auch immer –, haben die Eltern keine Chance. Das wird auch uns langsam klar.

»Wir hätten gerne all unsere Kinder in *einer* Einrichtung.« Meine Augen füllen sich langsam mit Tränen, ich bleibe aber ruhig. Bisher wissen wir nichts, außer, dass Mari eine Entwicklungsverzögerung hat. Und wir hoffen, dass sie diese in den nächsten zwei Jahren aufholt. »Es gibt doch die Inklusion. Therapeuten können auch hier in die Einrichtung kommen. Mari kann eine Einzelhilfe bekommen, die sie im Alltag unterstützt. Selbst wenn Mari anders ist, müssen sich doch alle Kindergärten für Kinder wie sie öffnen?!«

Meine Gedanken schießen kreuz und quer durch meinen Kopf. Warum ein anderer Kindergarten? Mari ist doch ein Geschwisterkind! Wie soll ich unserem Sohn erklären, dass Mari in einen anderen Kindergarten gehen soll? Er freut sich schon so sehr, dass auch seine Schwester bald in den Kindergarten, in seinen Kindergarten, kommt. Und wenn ich an die Organisation des Alltags denke, könnte ich verzweifeln. Unterschiedliche Schließungszeiten in den Sommerferien? Zwei Karnevalsfeiern? Zwei Martinsumzüge? Wann bringe ich welches Kind wohin? Mir geht so viel durch den Kopf. Meine Stimme beginnt zu zittern. »Wir möchten, dass Mari hier in den Kindergarten geht.«

Die Kitaleitung ist verständnisvoll, dabei aber ganz bestimmt. »Ich verstehe Sie. Unser Team ist sich aber sicher, dass Mari in einer Einrichtung mit kleineren Gruppen, geübtem Personal und passenden Räumlichkeiten für Therapien besser aufgehoben ist. Mari soll ja nicht nur verwahrt, sondern auch gefördert werden. Von Personal, das sich auskennt.«

Oktober 2018: Mari ist jetzt seit zwei Jahren in dem ehemals integrativen Kindergarten. Unseren Plan, Mari nach einem Jahr in den anderen Kindergarten »umzusiedeln«, haben wir nicht umgesetzt, obwohl beide Einrichtungen in diesen Plan involviert waren. Aber es war vermutlich auch allen Beteiligten klar, dass wir Mari nicht wieder aus der gewohnten Umgebung herausnehmen würden.

Trotzdem: Diese *fiktive* Möglichkeit hat es uns leichter gemacht. Weil es »nur für den Übergang« war. Wir haben uns langsam daran gewöhnen können, dass Mari anders ist – und dass sie deshalb auch andere Bedürfnisse hat.

Heute wissen wir, dass Maris Kindergarten perfekt ist. Für Mari, weil die Gruppe kleiner ist. Es ist ruhiger, Mari bekommt mehr Raum und geht im Alltagsgewusel nicht so schnell unter. Die Einrichtung hat neben einer großen Turnhalle auch Räume, in die sich Mari mit ihrer Einzelfallhilfe Uta zurückziehen kann. Beispielsweise zum Schlafen, aber auch mit Therapeuten, die jede Woche für sie kommen. Es gibt höhenverstellbare Wickeltische, Therapiestühle oder Spielmaterial, was eigens für besondere Kinder und ihre Bedürfnisse angeschafft wurde. Wir sind dankbar, in einem Land zu leben, das behinderten Kindern solche Möglichkeiten bietet, und fühlen uns nicht (mehr) ausgegrenzt, nur weil Mari in einer besonderen Einrichtung betreut wird. Denn die wird ihren besonderen Bedürfnissen viel besser gerecht.

Und für uns ist der Kindergarten perfekt, weil wir dort eine Familie von vielen sind. Eine Familie mit behindertem Kind, wie es dort mehrere gibt. Und weil wir wissen, dass unser Kind willkommen ist. Weil uns der Kindergarten das Gefühl gibt, dass sie Mari gerne bei sich haben, und weil wir merken, wie glücklich Mari dort ist. Dank Kindergarten und Einzelfallhilfe hat Mari so viele Entwicklungsschritte gemacht. Das macht uns sehr glücklich – und dafür gehen wir gerne zu einem weiteren Martinsumzug.

DER HELIKOPTER BLEIBT IM HANGAR

SHARI Wir lesen gerne Bücher. Weniger gerne Ratgeber. Besonders ungerne Elternratgeber. Weil wir uns lieber auf unsere Intuition, vor allem aber auf unseren gesunden Menschenverstand verlassen. Und sollte da mal einer von uns auf dem Holzweg sein, ist da ja immer noch der andere.

Kurz nach meiner ersten Schwangerschaft musste ich feststellen, dass man – insbesondere auf dem Weg zur werdenden Familie – unglaublich viele Ratgeber empfohlen oder sogar geschenkt bekommt. Ratgeber über die Schwangerschaft, über das Impfen, über die Ernährung, Ratgeber über Ratgeber oder eben über die Erziehung.

Da steht dann drin, wann unsere Kinder im Wachstumsschub sind, oder ob sie vielleicht gerade zahnen. Wann sie wie schlafen lernen können. Oder was man in einer Trotzphase tun kann. Denn ist ein Kind unzufrieden oder schreit es vielleicht sogar viel, dann muss es dafür immer eine Erklärung geben. Ein Schub. Zähne. Bauchschmerzen. Ein innerer Konflikt. Ähnlich wie in der Schwangerschaft: Hat man Bauchschmerzen, sind es Senkwehen. Andere Optionen werden einfach ausgeblendet. Weil man sich ja irgendwie auch wünscht, dass das die Erklärung ist.

Und tatsächlich haben auch wir einige Monate nach der Geburt einen Elternratgeber gelesen. Ein Buch über das Schlafenlernen. Das entsprang der Verzweiflung über unseren Schlafmangel. Und das ist bestimmt auch der Grund, warum ein Großteil der Deutschen zum Elternratgeber greift. Pure Verzweiflung.

Eine Sache ist mir in diesem Ratgeber dauerhaft hängen geblieben. »Nehmen Sie sich Zeit füreinander. Auch Ihre Kinder müssen lernen, dass Mama und Papa zuerst da waren. Dass es Momente gibt, in denen sie nicht die erste Geige spielen.«

Das ist für mich die Essenz von allem: Wir. Waren. Zuerst. Da. Bedeutet im Klartext: Eltern müssen sich Zeit füreinander nehmen, sich gemeinsame Ziele stecken, Dinge gemeinsam durchziehen. Sei es das romantische Candle-Light-Dinner beim Italiener trotz weinender Kinder im Türrahmen oder eben die Ruhezeit auf der Couch, wenn alle Kinder im Bett liegen.

Ein Beispiel: Wir haben vier Kinder. Uns war wichtig, dass jedes Kind in seinem eigenen Bett schläft. Alleine einschläft, alleine durchschläft. Mittags und abends. Zu Hause oder im Urlaub. Und das nicht erst mit drei Jahren. Jetzt kann man natürlich sagen, dass jedes Kind anders ist. Dass jedes Kind seine Zeit braucht. Wir haben ja zum Beispiel Mari, der das Schlafhormon Melatonin fehlt und die lange Zeit große Probleme mit dem Schlafen hatte. Trotzdem hat es bei jedem Kind funktioniert. Weil es uns wichtig war. Dabei waren wir geduldig und konsequent, haben als Paar an einem Strang gezogen.

Und das ist eigentlich auch schon der Schlüssel zu unserem Handeln: Wir nehmen uns Zeit füreinander. Wir tauschen uns über Themen aus, überlegen, wie unsere Eltern gehandelt haben, wägen ab und haben einen Plan, den wir gemeinsam umsetzen. Einen Weg, den wir als Paar gehen, mit unseren Kindern.

ZORNIGE FRÜCHTCHEN

SHARI »Möchtest du noch mit allen eine Folge *Peppa Wutz* gucken, oder gehst du direkt ins Bett?« Schon während ich es ausspreche, ärgere ich mich über mich selbst. Ich verlange eine Entscheidung. Eine Entscheidung von meiner dreijährigen Tochter, die vor lauter Müdigkeit nur noch schreit. Die ich mit Mühe und Not in ihren Schlafanzug gesteckt bekomme, während sie wild um sich schlägt und strampelt.

Vielleicht kann sie sich aber einfach nicht entscheiden? Wahrscheinlich – nein, sogar sicher – müsste ich einfach für sie entscheiden. Aber ich habe sie vor die Wahl gestellt. Und mache die Situation damit nur noch komplizierter.

Sie stellt sich demonstrativ in den Flur zwischen Wohn- und Kinderzimmer. Von der Couch höre ich André nur rufen: »Komm endlich, wir warten alle.«

Sie bleibt weiterhin regungslos stehen, verschränkt die Arme, schürzt ihre Unterlippe und starrt auf den Boden. Ich gehe auf sie zu. »Dann bringe ich dich jetzt ins Bett.« Noch bevor ich sie erreiche, fängt sie wieder an, lauthals zu schreien, und schlägt mich von sich weg. Ich nehme sie auf den Arm, bringe sie in ihr Bett, wünsche ihr eine gute Nacht. Sie ist so laut, dass sie mein »Bis morgen« mit Sicherheit nicht mehr zur Kenntnis genommen hat. Ich schließe die Zimmertür und höre, wie sie aus dem Bett springt und die Tür voller Wut wieder aufreißt.

»Dann geh jetzt zu den anderen auf die Couch!« Meine Stimme wird laut – und ich weiß, dass ich gerade total inkonsequent bin und es kein Wunder ist, dass sie darauf reagiert. Sie rennt los, bleibt aber wieder im Flur stehen. Auf derselben Position wie eben. Regungslos. Mit verschränkten Armen. Ich werde wütend, höre aber glücklicherweise André aus dem Wohnzimmer kommen. »Komm, mein Schatz«, flüstert er, während er sich zu ihr runterbeugt. Er versucht, einen Zugang zu ihr zu finden. Netter Versuch. Für sie jetzt gerade total bedeutungslos.

Ich bringe sie wieder ins Bett. Noch zwei weitere Male. Bis mein Geduldsfaden reißt und ich laut losbrülle. So laut, dass André wieder aus dem Wohnzimmer kommt. Aber diesmal rennt er. »Das bringt doch nichts!«, ruft er mir zu. Das ist mir egal.

Diskussionen und Streit entstehen in Extremsituationen. Müdigkeit oder Hunger zum Beispiel. Kommt beides für gewöhnlich in geballter Form am Abend vor. Und genau in diesen Situationen, wenn auch wir müde und erledigt vom Tag sind, fordern unsere Kinder uns besonders heraus. Schon weil auch sie müde sind.

Ich bin ich und ich bin eben auch authentisch. Versuche es zumindest zu sein. Und das bedeutet auch, dass es mir passiert, dass ich wütend und laut werde. Dass ich mein Kind anbrülle. Ich hasse mich dafür. Aber ganz ehrlich: Oft habe ich das Gefühl, dass es danach für uns alle wieder besser läuft. So als hätte ich mal kurz wieder alles auf null gesetzt und damit einen neuen Anfang ermöglicht.

Und insbesondere bei Kind Nummer drei, dem Kind, das mir am ähnlichsten ist, scheint genau das immer zu funktionieren. Ein lautes Geschrei – und dann starten wir neu. Wir nehmen uns in den Arm. Entschuldigen uns. Sagen uns, dass wir uns liebhaben.

Mein kleiner Klon. Das zweite Ich? Natürlich sage ich gerne mal: »Das hat sie von dir, so war ich nie.« Wenn ich ehrlich bin, ist es aber gerade unsere dunkelhaarige Tochter – die, die mir so ähnlich sieht –, die mich oft zur Weißglut bringt und bei der ich mich am meisten über mich selbst ärgere.

FRÜCHTE DES ZORNS

ANDRÉ »Hey, beruhig dich doch mal, ist doch alles gut!« Wie oft musste ich diesen Satz schon hören – und wie oft schon hat er mich noch saurer gemacht, als ich bereits war. Gerade Freizeitbuddhisten benutzen ihn sehr oft und haben vielleicht auch im Ansatz recht damit. Allerdings habe ich den Satz auch schon oft von Menschen gehört, die ihre eigenen Aggressionen dann an den unmöglichsten Stellen und auf weitaus abstrusere Art rauslassen. Etwa, indem sie hinterrücks ganz schön ab»haten«.

Es gibt diesen bekannten Spruch: »Wer kämpft, kann verlieren. Wer nicht kämpft, der hat schon verloren!« Der könnte mein Lebensmotto sein.

Schon in der Grundschule kämpfte ich dafür, dass wir Jungs im TG (»Textilen Gestalten«) nicht stricken mussten. Ich machte in der dritten Klasse einen Termin beim Direktor und erklärte ihm, dass es echt cooler wäre, wenn wir Jungs Flugzeugmodelle kleben könnten. Und dass alle meine gestrickten Socken von meiner Mutter gemacht worden seien und meine Kumpels und ich das weder könnten noch können wollten. Diese Wahrheiten haben dazu geführt, dass wir nicht mehr stricken mussten.

An einer anderen Stelle kämpfte ich mal zusammen mit anderen für mehr Geld für einen Job und hatte es geschafft, die richtigen Leute an den Tisch zu bekommen, als mir plötzlich einer meiner Mitstreiter in den Rücken fiel und sagte: »Ey, komm, André, lass gut sein und überleg mal, was andere Leute verdienen.«

Meine Antwort war, dass er das Geld trotzdem nehmen solle, um es dann an die Armen zu verteilen.

Na ja, das Geld nahm er dann doch – nur die Armen bekamen davon meines Wissens nichts.

Shari sagt auch gern: »Lass gut sein!« Zum Beispiel, wenn es um Rechnungen geht, die falsch gestellt wurden. Ich habe uns mit »Nichtgutseinlassen« schon Tausende von Euros gespart. Ich muss einfach kämpfen. Und der Zorn muss manchmal raus. Sonst implodiert man oder explodiert an den falschen Stellen und weiß am Ende noch nicht einmal, warum. Das ist im Arbeitsleben so – und genauso im Familienleben. Es ist eben nicht immer alles gut, und wir sind auch nicht die verdammte Pippi Langstrumpf und können uns unser Leben jederzeit so hindrehen, wie wir es gerade für nötig halten.

Eins ist nur wichtig dabei: Der Kollege, den ich neulich zur Sau gemacht habe (und glaubt mir, es passiert extrem selten), war natürlich geschockt. Aber ich konnte ihm etwas sagen, das absolut wahr war: »Weißt du, was das Gute an mir ist? Alle haben eben über dich abgezogen, als du draußen warst – und als du hier warst, haben sie mit dir rumgealbert und dich in den Arm genommen. Bei mir weißt du, wo du dran bist. Und noch besser ist: Das war es jetzt aber auch mit meiner Wut. Und jetzt lass uns ein Kölsch trinken.«

Genauso wichtig ist es natürlich bei Kindern. Wenn du ausflippst – und das passiert nun mal –, musst du dich danach erklären.

Ich erkläre mich, aber ich verstelle mich nicht. Und wenn ich unfair war, stehe ich dazu.

Wenn ein Kind Grenzen testet und überschreitet, hilft nicht immer ein Gespräch, da muss es auch mal krachen. Aber genauso versuchen Shari und ich auch immer, eines zu verstehen: Warum sind die gerade so?

POSITIV SEIN, STATT HADERN

SHARI Der Angelman-Verein Deutschland. Es ist beeindruckend, was dieser Verein auf die Beine stellt und wie er uns und anderen betroffenen Familien hilft. Und obwohl ich so froh darüber bin, dass es diese Menschen, diese engagierten Familien gibt, habe ich noch nicht das Bedürfnis verspürt, zu einem Vereinstreffen zu fahren, mich persönlich mit den Familien auszutauschen oder andere Angelman-Kinder, -Jugendliche oder -Erwachsene zu treffen.

Denn obwohl ich immer ein echtes Zusammengehörigkeitsgefühl verspüre, wenn ich andere Familien mit behindertem Kind – egal welcher Art – treffe, scheue ich mich gerade vor anderen Angelman-Kindern oder vielmehr vor den erwachsenen beziehungsweise den jugendlichen Angels. Denn so positiv dieses Zusammengehörigkeitsgefühl beziehungsweise das Gemeinschaftsgefühl ist, so sehr macht es mir Angst, die Zukunft so deutlich vor Augen geführt zu bekommen. Will ich wirklich wissen, was Mari alles nicht lernen oder doch lernen wird? Und ich habe auch große Angst davor, auf Menschen zu treffen, die zu sehr mit ihrem Schicksal hadern und mich runterziehen. Ich will meine Positivität – die, die ich an der Seite von André lernen durfte – auf keinen Fall verlieren.

Ich denke, dass wir unsere größte Kraft aus dem Leben im Jetzt ziehen. In der Gegenwart. Wir sehen unsere Kinder wachsen und freuen uns über das, was sie können – und nicht über das, was sie nicht können. Das betrifft sowohl Mari als auch ihre Geschwister.

Und wir malen uns keine düstere Zukunft aus – oder träumen von einer Vergangenheit, in der es das Wort »ausschlafen« noch gab.

»Jede Familie hat ihren Rucksack zu tragen.« Das sage ich gerne mal, wenn mir jemand sein Mitgefühl mit auf den Weg gibt. Oder wenn mir jemand von einem Schicksalsschlag erzählt, dies aber automatisch herunterspielt nach dem Motto: »Aber das kann man natürlich nicht mit dem vergleichen, was ihr durchmacht.« Ich bin fest davon überzeugt, dass jede Familie, dass jeder Mensch auf seinem Weg Hindernisse hat, die er überwinden muss. Und dass das für alle gleichermaßen anstrengend ist.

»ICH KANN IHR KIND HEILEN.«

ANDRÉ Über die Impfgegner mit ihrem »Schon mal darüber nachgedacht, ob es ein Impfschaden sein könnte?« (so geschehen auf Facebook, in der Nachbarschaft und am Flughafen Kos) haben wir ja schon geschrieben. Meine Antwort an sie wäre etwas rauer als die von Shari:

»Schon mal darüber nachgedacht, einmal nachzudenken?!?! Gendefekt!!! Kein plötzlich auftretendes Symptom!!! Und überhaupt.«

Schlimmer fand ich die zwei Arschlöcher, die uns geschrieben haben und uns versprachen, unser Kind zu heilen. Falls jemandem das Wort »Arschlöcher« zu hart erscheint: Lies bitte kurz weiter.

Einer dieser Scheuerlappen erklärte mir, dass Maris »Erkrankung« (damit ging es schon los) in der Familiengeschichte eines Elternteils zu finden sei und ein eventuell im Mutterleib verstorbener Bruder einer Urgroßmutter sich jetzt den Weg in die Welt gesucht habe.

A.L.T.E.R.!

Ich habe mir daraufhin erst mal drei Döschen Globuli reingepfiffen und mir Kolloidales Silber gegen die plötzlich auftretende Entzündung meines vorderen Hirnlappens auf die Stirn geschmiert.

Ein anderer dieser Handaffen, angeblich ein praktizierender »ARZT« (!!!) aus Marburg, schrieb mir eine Mail, in der er mir erklärte, dass er Mari mit Gravitationswellen heilen könne.

Lustigerweise interessiere ich mich sehr für Astronomie und lese jeden Artikel, den ich zu diesem Thema finde. Und just in dieser Woche, Anfang 2016, kurz nachdem wir mit der Diagnose an die Öffentlichkeit gegangen waren, wurden zum ersten Mal GRAVITATIONSWELLEN gemessen, und zwar, ALS EIN SCHWARZES LOCH MIT EINEM ANDEREN KOLLIDIERTE. Ein Meilenstein in der Geschichte der Astronomie. Dieser Dummbeutel behauptete allerdings, dies in seiner Praxis machen zu können, mit einem schuhkartongroßen Apparat. Warum mich das sauer macht? Nicht wegen uns. Ich hätte die Mail einfach löschen können. Mich macht es sauer, weil mit der Hoffnung und dem Geldbeutel der Menschen gespielt wird, die in solchen Momenten nicht die Kraft, den Rückhalt und eventuell nicht den Vorteil des Wissens oder der Recherche haben. Mit Geistheilergeschichten die Leichtgläubigkeit von Menschen auszunutzen, die in Not sind, ist so ungefähr das Schäbigste, was ich mir vorstellen kann.

WIR WAREN ZUERST DA

SHARI »Ja genau, mit *Diazepam*. Sie ist danach dann natürlich total fertig.« André telefoniert mit einem seiner ältesten Freunde. Er erzählt von Maris unzähligen Anfällen in den letzten Monaten und wie wir gelernt haben, damit umzugehen. Dabei läuft er unruhig in unserem Wohnzimmer auf und ab – getrieben von der traurigen Gewissheit, dass die Ruhe in unserem Haus trügerisch ist. Sein Freund ist Arzt und sehr daran interessiert, wie es uns und vor allem Mari geht.

Es ist Sonntag. Wir haben gerade gefrühstückt, und die Kinder spielen in ihren Zimmern. Ich nutze die Zeit, um das Chaos vom

Frühstück zu beseitigen, während André nach unzähligen Anläufen endlich einen Moment gefunden hat, um seinen Freund zurückzurufen. Und er hat ihn sogar erreicht.

»Wir freuen uns auf Hamburg. Nur wir beide. Ohne die Kinder.« André schmunzelt beim Erzählen. »Ein schönes Hotel, ein bisschen Arbeit, leckeres Essen. Das Angenehme mit dem Schönen verbinden. Jetzt, wo es Mari besser geht, müssen wir uns diese kleine Auszeit endlich mal wieder nehmen.« Unsere Hamburg-Liebe verbindet uns mit diesen Freunden. Aus der Küche sehe ich zu André rüber. Seine Augen funkeln allein schon beim Gedanken an die Zeit nur mit mir alleine. Er guckt mich an, zeigt mit dem Finger auf mich und zwinkert mir zu. Wir müssen lachen.

André steht in der Küche. Er hört seinem Freund am Telefon zu. Und ich erkenne, dass er kurz stockt. Dann werden die beiden unterbrochen. Nicht von unseren, dieses Mal von den Kindern auf der anderen Leitung. Zwei Väter von jeweils vier Kindern, die mal wieder merken müssen, dass ein Telefonat vor 21:30 Uhr eigentlich nicht möglich ist. »Lass uns die Tage noch mal in Ruhe telefonieren.« In Ruhe! Ich schüttele den Kopf und muss lachen. Sie verabschieden sich. Mit der Gewissheit, dass es wahrscheinlich wieder Wochen dauern wird, bis sie sich erneut erreichen. Mailbox-Tennis – so nennen sie dann die kläglichen Anrufversuche.

»War er entsetzt?«, frage ich André. »Nein. Er hat allerdings schon durchklingen lassen, dass sie sich nicht vorstellen können, etwas ohne ihre Kinder zu machen.« Wir stocken, irgendwo im Haus fallen unzählige Lego-Steine scheppernd aufs Parkett. »Kann ich auch verst ...« Unsere jüngste Tochter kommt schreiend in den Raum und unterbricht unser Gespräch. Sie streckt die Arme nach mir aus. Ich versuche, sie zu beruhigen, merke aber schnell, dass erst mal kein Durchkommen ist. »Papa!«, ruft dann jemand vor der Haustür. Unser Sohn steht dort und bekommt offensichtlich seinen Fahrradhelm nicht zu. André holt Luft. Er will mir ja von dem Telefonat und der ärztlichen Meinung seines Freundes erzählen. Gibt dann aber wieder auf. »Wo ist eigentlich Mari?«, frage ich und gucke um die

Ecke ins Wohnzimmer. Unsere Mari ist endlich wieder die Alte: Sie liegt auf der Couch und spielt mit ihrem Igelball. Als sie uns sieht, lacht sie laut los.

»Lass uns später darüber sprechen.« André zieht sich seine Schuhe an. »Ich gehe mit den Kindern raus, komm doch nach, wenn du hier drinnen fertig bist.«

»Lass uns später sprechen.« – *»Mach du hier, ich mache da fertig.«* – *»Iss du jetzt, ich esse später.«* – *»Dein Kaffee ist kalt, soll ich dir einen neuen machen?«* Wie oft wir das am Tag sagen, kann und will ich gar nicht zählen. Unser System funktioniert, weil wir uns aufteilen. Gemeinsame Familienzeit haben wir, aber die macht auch an einem Sonntag höchstens ein Drittel des Tages aus. Und das eine Drittel, das Paarzeit ist, verbringen wir überwiegend mit Schlafen.

Fakt ist, dass wir abends im Bett liegen und so kaputt sind, dass wir gar nicht mehr genau wissen, was wir uns alles erzählen wollten. Dass wir oft bemerken, dass wir noch gar nichts gegessen haben, dafür aber jetzt auch definitiv zu kaputt sind. Dass wir uns nachmittags küssen und uns einen »Guten Morgen« wünschen, weil wir das bisher versäumt haben.

Paarzeit. Wir sind sehr darauf bedacht, dass unsere Kinder lernen, dass es die in unserem Haus geben muss. Dass wir auch mal nur an uns selbst denken und nicht nur ständig um sie kreisen müssen. Und auch oder gerade, wenn wir harte Zeiten durchmachen, nehmen wir uns kleine Auszeiten und das Recht auf Zweisamkeit nicht nur dann, wenn alle Kinder im Bett sind. So bekommen wir die Möglichkeit, Sätze zu Ende zu sprechen, aufmerksam zuzuhören oder Essen zu genießen. Denn was bringt es, wenn wir Eltern als Team nicht mehr funktionieren?

»Ich freue mich so sehr auf Zeit nur mit dir alleine.« Ich drücke André einen Kuss auf den Mund und unsere kleinste Tochter auf den Arm. »Geht schon mal los, ich komme nach.«

»WER IST HIER BEHINDERT?«

ANDRÉ Wir haben einen Behindertenparkausweis, den wir nur im absoluten Notfall nutzen. Als Mari noch nicht laufen konnte, benutzten wir ihn öfter, und auch heute noch gibt es Situationen, in denen wir einen Behindertenparkplatz in Anspruch nehmen. Ganz zu schweigen von der Tatsache, dass wir ein Recht darauf haben, MÜSSEN wir manchmal so nahe wie möglich am Eingang des Einkaufszentrums sein.

Einmal, Mari konnte noch nicht laufen und ich hatte zwei weitere Kinder dabei, parkte ich auf einem Behindertenparkplatz. Mein Gewissen war auch aufgrund der Tatsache ruhig, dass fast nichts los war auf dem gesamten Parkplatz. Ich konnte direkt neben der Abstellfläche für die Einkaufswagen parken – damals passte Mari noch in die normalen Einkaufswagensitze. Wir kauften ein, ich bugsierte alle drei Kinder und die Einkäufe wieder ins Auto und startete den Motor. Da sah ich eine Frau, eine ältere Dame, kopfschüttelnd zu ihrem Auto gehen, welches ebenfalls auf einem Behindertenparkplatz stand. Ich dachte zuerst, es gehe um etwas anderes, aber ihre Haltung und ihre Blicke gaben mir Grund zu der Annahme, dass ich die Ursache ihres Ärgers war. Ich war kurz davor, mich aufzuregen, besann mich aber eines Besseren, schaltete den Motor ab, öffnete das Fenster und fragte freundlich, was denn los sei. »Das ist ein Behindertenparkplatz, auf dem Sie stehen!«, erklärte sie mir mit einer Mischung aus tiefsitzender Wut, Angst und Kampfeswillen.

»Und warum sind Sie der Meinung, dass ich hier nicht stehen darf?«

»Sie sind doch nicht behindert!«, entgegnete sie entrüstet.

»Ich nicht, aber meine Tochter.« Ihr entglitt alles.

»Sie kann nicht laufen und sitzt genau hinter mir. Wollen Sie ihr kurz Hallo sagen?«

»Nein … ich … Das tut mir leid!«

»Das muss Ihnen nicht leidtun, wirklich nicht. Und ich finde es gut, dass Sie sich einsetzen. Aber tun Sie mir doch einfach den Gefallen und fragen Sie beim nächsten Mal nach, dann entstehen solche bescheuerten Situationen gar nicht erst.«

Welch eine Gesichtsachterbahn! Ich hatte noch nie zuvor einen Menschen so schnell von Wut auf Scham umswitchen sehen. Anstatt sie in den Arm zu nehmen, wie es mir eine Stunde später in den Sinn kam, fuhr ich in diesem Moment befriedigt und mit klopfendem Herzen davon.

Und ich setze noch eine Gesichtsachterbahn obendrauf:
Bei einem anderen Einkauf sah ich im Rückspiegel einen wild gestikulierenden Mann. Er hatte einen Parkplatz direkt vor der Tür des Supermarktes, und ich hatte gerade in seiner Nähe geparkt. Er meinte mich. Pures Andrénalin stieg in mir auf. Ich war gerade sowieso gestresst – dann werde ich schnell sauer.
»Was ist denn los?«, fragte ich, meine Wut leidlich unterdrückend.
»Das ist ein Behindertenparkplatz!«
»Nee, is keiner!«
»Natürlich! Gucken Sie doch mal genau hin …«
»Das ist kein Behindertenparkplatz«, entgegnete ich, »der ist daneben, der Pfeil zeigt nach rechts.«
Er glotzte und wusste nicht, was er sagen sollte.
»Oh … äh … stimmt …«
»Und wissen Sie, was noch viel geiler ist?«
Er glotzte und wusste nicht, was er sagen sollte.
»Ich hätte sogar ein Anrecht auf einen Behindertenparkplatz.«
Jetzt keimte seine alte Wut wieder auf, die kurzzeitig einer kleinlauten Unterwürfigkeit gewichen war.
»Sie sehen aber nicht behindert aus!«
»Danke, sehr nett von Ihnen. Aber bevor Sie demnächst hier den Sheriff geben, checken Sie doch zuerst mal, ob sich der nötige Aus-

weis hinter der Frontscheibe befindet. Und wenn Sie dann noch Fragen haben, stehe ich Ihnen gerne zur Verfügung.«

Ich befreite Mari von ihrem Gurt, nahm sie auf den Arm und geleitete ihren Bruder und ihre jüngere Schwester aus dem Auto. Mari und ich lachten ihn an und wir verschwanden in unseren Supermarkt, der inzwischen einen besonderen Einkaufswagen für unsere besondere Mari besorgt hatte.

Einmal fuhr ich mit dem Fahrrad durch eine Einkaufsstraße. Mari saß hinter mir auf dem Sitz, rastete aus vor Freude und kam aus dem Lachen nicht mehr heraus. Da hörte ich plötzlich einen circa 15-jährigen Jungen, der Mari nachäffte und ein paar kleine Jungs um sich scharte. Das kleine Großmaul wähnte sich schon in Sicherheit, als ich plötzlich bremste und ihn fragte, wo denn sein Problem sei. Damit hatte er nicht gerechnet.

»Äh ... ich ... ähhh!«

Ich habe in meinem Kopf ein Bild von diesem Jungen, wie er, inzwischen ein paar Jahre älter, in einer Behindertenwerkstatt steht und sich liebevoll um Menschen kümmert, die so oder so ähnlich drauf sind wie meine Mari.

THE BIG PICTURE:

Ich musste nicht erst Vater einer Tochter mit Behinderung werden, um gegen rechts zu sein. Ich habe als Jugendlicher gegen die Republikaner und brennende Asylunterkünfte demonstriert. Ich habe mich auf Facebook gegen die aufkeimende Pegida-Bewegung gewandt und dafür so viele Drohungen und unreflektierte Kommentare geerntet, dass Shari mich aus Angst gebeten hat, damit aufzuhören. Aber sicher ist Folgendes: Die Leute, die 2018 mit erhobenem Arm durch Chemnitz gelaufen sind, haben offen rechtes Gedankengut propagiert und eine Zeit verherrlicht, in der man Menschen wie Mari in »Sanatorien« und Konzentrationslagern ermordet hat. Ich finde, mit dem Verständnis für solche Leute muss man es echt nicht übertreiben.

WARUM DIESES BUCH?

SHARI Als ich mit Mari schwanger war, haben wir ein TV-Interview gegeben. André hatte damals das Promidinner gewonnen, und das Interview sollte thematisch darauf eingehen. Theoretisch. Natürlich ging es vor und nach der Aufzeichnung auch um meine Schwangerschaft und die bevorstehende Geburt. Und um unser kleines Mädchen. Wir waren so glücklich und haben der Redakteurin anvertraut, wie unsere kleine Maus heißen soll. Mehrmals habe ich betont, dass die Namen unserer Kinder nicht öffentlich gemacht werden dürfen.

Das Interview wurde an einem Sonntagabend ausgestrahlt. Ich erinnere mich an jedes Detail. »Und ein kleines Geheimnis haben uns Shari und André Dietz schon verraten: Ihre kleine Tochter soll den Namen Mari tragen.« Neben vielen anderen unglaublichen Dingen verriet die Redakteurin also – während André und ich im Film zu einem theatralischen Song an einem Kölner See entlangspazierten – den Namen unserer ungeborenen Tochter. Ich habe Rotz und Wasser geheult. Und sofort einen befreundeten Medienanwalt angerufen.

Und was soll ich sagen? Auch der konnte nicht mehr verhindern, dass der Name unserer Tochter die Zuschauer der Sendung erreicht hatte und am nächsten Tag im großen World Wide Web zugänglich war. Und ja, mir ist natürlich klar, dass ich grob fahrlässig gehandelt habe. Ich habe daraus gelernt.

Wir wollten unsere Kinder schon immer weitestgehend aus dem öffentlichen Leben raushalten. Keine Namen, keine Fotos von vorne. Nicht im Fernsehen, nicht im Internet, nicht in diesem Buch. Denn solange wir unsere Kinder nicht zeigen, solange darf das auch niemand anderes tun. Und das soll so lange so bleiben, bis sie alt genug sind, sich über die Aufmerksamkeit und die Auswirkungen des öffentlichen Lebens bewusst zu sein. Vielleicht wollen sie ja mal etwas Vernünftiges lernen. Taxifahrer in Mondraketen zum Beispiel. Oder einfach nicht mit ihren Eltern in Verbindung gebracht werden. Vielleicht ist es für ihr Leben auch einfach hilfreich, wenn man sie nicht googeln kann und das Internet keine Eckdaten über Geburt, Schulabschluss oder Lebenskrise ausspuckt. Denn das liegt noch in unserer Hand und, ja: Wir wollen damit verantwortungsvoll umgehen.

Am 14. Februar 2016, wir wussten seit ein paar Monaten von Maris Angelman-Syndrom, habe ich mir überlegt, zum International Angelman Day am 15. Februar einen Blogbeitrag zu veröffentlichen. Über Mari sprechen, obwohl wir sie eigentlich aus der Öffentlichkeit halten wollten. »Bist du dir sicher, so viele Details über Mari an die Öffentlichkeit geben zu wollen?« André war erstaunt über meinen Vorschlag, wohl wissend, wie schlecht es mir ergangen war, als Maris Name verraten wurde. Ich war mir sicher. Weil wir Mari damit nicht schaden würden und vielleicht sogar anderen Familien helfen könnten.

»(...) Es gibt Momente im Leben, auf die ist man nicht vorbereitet.

Vor ziemlich genau vier Monaten hat sich unser bisheriges Leben mit einem Schlag komplett geändert. Unsere Tochter Mari hat die Diagnose ANGELMAN-Syndrom bekommen.

Wie die meisten Menschen hatten wir bis zu diesem Zeitpunkt noch nie von diesem seltenen Gendefekt gehört. Wir sind aus allen Wolken gefallen, da wir bis dato dachten, unser Kind sei lediglich in seiner Entwicklung etwas langsamer als andere Kinder. Mari wird nie richtig sprechen können und nur schwer laufen lernen. Ihr fehlen Schlafhormone, und geistig wird sie ihr Leben lang auf dem Entwicklungsstand eines Kleinkindes bleiben.

Und dennoch oder gerade deswegen erfreut sie uns, ihren großen Bruder und ihre kleine Schwester jeden Tag mit ihrem Lachen und ihrer unfassbar fröhlichen Art. Mari ist mehr als nur ein Syndrom. Sie zeigt uns, was wirklich wichtig ist und wie leicht es sein kann, das Glück in den kleinen Dingen des Lebens zu finden. (...)«

Wir wollten der Welt sagen, was unser kleines Mädchen hat. Nicht, weil wir das öffentliche Interesse an uns wecken wollten, sondern weil wir Andrés Bekanntheit als Chance gesehen haben, das Syndrom bekannter zu machen und so Mari, anderen Angelman-Kindern und vor allem auch anderen Angelman-Eltern zu helfen.

Als wir die Diagnose für Mari bekommen haben, haben uns vor allem Texte, Fotos und Blogs anderer Eltern die unverblümte Wahrheit über das Angelman-Syndrom erzählt. Dabei hatten die Inhalte überwiegend eines gemeinsam: Sie waren deprimierend. Viele Familien nutzen das Internet vor allem als Ventil für ihre Verzweiflung – und wer wollte sie dafür verurteilen? Wir gehörten damals zu den Empfängern dieser Botschaften. Labil, wie wir waren, konnten wir überhaupt nicht damit umgehen. Oder vielmehr ich. Ich habe keine Möglichkeit gesehen, mich diesen Inhalten zu entziehen. Man sucht nach etwas Hoffnung und stößt auf niederschmetternde Resignation.

Warum also dieses Buch? Wir wollen niemandem die Realität vorenthalten, den Menschen aber Mut machen. Zeigen, dass das Leben mit dieser Diagnose ganz normal weitergehen und für alle Beteiligten lebenswert sein kann. Das war unsere Idee für das Buch. Erzählen, wie schlecht es uns ergangen ist, aber vor allem, wie wir es geschafft haben, weiterzumachen und wieder glücklich zu sein. Wie normal das Leben trotzdem sein kann. Wie normal wir sind. Besonders normal.

Das Feedback auf unseren Blogbeitrag am 15. Februar 2016 war gewaltig. Wir waren in einer Talkshow und haben Interviews für Fernsehen und Magazine gegeben. Wir haben viel über Mari gesprochen. Über Mari, über unsere Kinder und immer häufiger auch über uns. Wir haben gelernt, positiv zu sein und positiv zu bleiben. Mit behindertem Kind. Wir funktionieren als Familie, weil wir als Paar funktionieren. Wie wir das schaffen, wollten wir in unserem Buch erzählen. Über die Großfamilie, über den Gendefekt. Über das für uns perfekte Glück.

Übrigens bin ich heute froh, dass wir nicht über »unser behindertes Kind«, sondern über *Mari* sprechen können. Dass die Öffentlichkeit – wenn auch ursprünglich gegen unseren Willen – den Namen unserer behinderten Tochter kennt. Mari mit dem Angelman-Syndrom, unser süßes Mädchen.

DIE KOPENHAGEN-ARSCHHAAR-GESCHICHTE

ANDRÉ Im Buch habe ich sie zweimal erwähnt, in meinem Leben hundertmal erzählt, einmal sogar beim Promidinner, und meine Kollegen, allen voran meine Freundin Kaja, und das gesamte Produktionsteam kamen danach überhaupt nicht mehr klar. Wir konnten circa eine halbe Stunde nicht weiterdrehen, weil wir aus dem Lachen nicht mehr herauskamen. Die Geschichte wurde herausgeschnitten. Warum? Entscheidet selbst.

Shari hasst die Story inzwischen, oder kann sie zumindest nicht mehr hören, obwohl sie damals 2013 in Kopenhagen dabei war und ebenfalls mindestens 30 Minuten lang geweint hat vor Lachen.

Doch was hat so etwas in diesem Rahmen zu suchen? Warum steht ausgerechnet so was am Ende dieses Buchs? Ich sag's euch: Weil es etwas über uns aussagt. Und zwar darüber, wie wir unser Leben leben, dass wir oft Grenzen überschreiten – und deshalb immer etwas zu erzählen haben …

Zwei unserer Freunde, Simone und Tim, haben uns zu unserer Hochzeit eine Reise zu viert nach Kopenhagen geschenkt. Und etwa eineinhalb Jahre später reisten wir zu sechst nach Dänemark. Mit unseren Erstgeborenen.

Die beiden hatten eine wunderschöne Airbnb-Wohnung im coolsten Viertel der Stadt gebucht.

Der Vermieter zeigte uns die stylishe Bude, und während Tim mit dem Vermieter den Vertrag durchging, blickte ich, meinen nicht ganz einjährigen (wunderschönen) Sohn auf dem Arm, durch ein Dachfenster auf Kopenhagen (wunderschön). Ich wandte meinen Blick ab und sah zu Shari (wunderschön), die sich mit Simone am Tisch unterhielt. Und ich sah Tim von hinten, wie er sich über den Vertrag beugte und in seiner Tim-Art noch mal alles checkte. Wie er da über den Tisch gebeugt stand, hing ihm in seiner Tim-Art (wir kennen uns schon sehr lange) die Hose kurz vor den Kniekehlen. Die Unterhose hielt das Schlimmste zwar bedeckt, gab allerdings ein Maurerdekolleté erster Güte preis. Vom Rand der Gesäßspalte lächelte mich ein kräuseliges Haar an. Ich blickte wieder über Kopenhagen, lächelte meinen Sohn an, sah zu Shari, aber dieses Haar ließ mich nicht los. Ich wechselte meinen Sohn vom linken auf den rechten Arm, beugte mich über die Küchenzeile, die zwischen Tim und mir stand, spitzte meine Finger und riss ihm das Arschhaar kurzerhand aus. Und dieser coole Kerl reagierte nicht mal.

Plötzlich sprach mich von hinten jemand an. Die Stimme kannte ich. Es war Tim. Aber wem zum Teufel hatte ich dann bitte gerade das Haar herausgerissen???

Ich ging in Zeitlupe um die Küchenzeile herum und sah in die weit aufgerissenen Augen im leichenblassen Gesicht unseres wahnsinnig verwirrten Vermieters, der inzwischen aufrecht und stumm stand. Und sagte:»I'm so ... so ... sorry!«

Er sah mich an und das Puzzle fügte sich in seinem Kopf zusammen. Wir lachten und konnten nicht mehr aufhören.

Seine Airbnb-Bewertung nach unserem Aufenthalt:
»*Very nice Germans with a special sense of humour!*«

DANKSAGUNG

Vier kleine Kinder. Ein Hund. Ein Haus mit großem Garten, bei dem jeder Krümel auf der Erde sofort entsorgt und jedes Laubblatt im Garten nur schwer geduldet werden kann und muss. Vollberufstätig und eine Tochter, die fast immer eine eins-zu-eins Betreuung benötigt.

Wir haben ein Buch geschrieben. Shari und André. Es ist vollbracht und wir sind unglaublich stolz und vor allem dankbar.

Dankbar, weil wir uns den Freiraum dafür nehmen konnten. Weil wir Hilfe hatten. Von Heike: Du hältst unser Zuhause immer sauber, erklimmst täglich die Berge an Wäsche und schenkst jede freie Minute unserer jüngsten Tochter. Von Uta: Du machst Mari so glücklich und damit uns umso mehr. Lida: Du bist die beste Freundin all unserer Kinder.

Dankbar, weil ihr uns in unserem Tun bestärkt habt, an uns geglaubt und immer wieder geholfen habt. Unsere Freunde. Susanne und Ben. Patrick und Anika. Jan und Janina. Hanna und Thomas. Katrin. Martin. Claus und Ruth. Tobi und Nina. Laura und Danny. Constanze. Chris und Amrei. Konstantin und Anh. Kaja und Inga. Tina und Maik. Frank und Lilly. Knöselette. Isa und Christian. Niko und Greg. Und all die anderen.

Dankbar, weil ihr hinter uns steht und uns immer wieder unter die Arme greift. Das Buch könnte auch nur ein Bündel von leeren Seiten sein, ihr wäret stolz, dass wir es versucht hätten. Unsere Familie: Mama (Andrea). Sandy und Manny. Oma und Opa (Resi und Matthias). David und Jasmin. Benny und Oliver. Godi und Baddy. Uschi und Manny.

Dankbar für den offenherzigsten Arbeitgeber der Welt: Ufa Serial Drama (mit einem besonderen Dank an Annette, Sarah, Ela, Diana & Peter) und RTL mit besonderem Dank an Katharina und Christiane.

Dankbar für eine medizinische Beratung außerhalb jeder Norm: Evelin, Christl vom Angelman Verein, Doktor Stüve und unsere Freunde Isa & Greg.

Dankbar, dass ihr an unserer Seite steht. Edel. Oliver! Constanze. Gianna. Stefan. Nadja. Wir finden, wir waren und sind ein perfektes Team. Es hätte uns nicht besser treffen können!

Und natürlich danken wir allen Menschen, die sich für uns interessieren. Die den Blog lesen. Uns auf Instagram folgen. Die den Fernseher einschalten. Die uns mit so viel Zuneigung und Aufmerksamkeit belohnen.

Weitere Informationen über das Angelman-Syndrom findet ihr hier: www.angelman.de

Und hier (unsere persönliche Sicht, über das Buch hinaus): www.sharidietz.com

Edel Books
Ein Verlag der Edel Germany GmbH

Copyright © 2019 Edel Germany GmbH,
Neumühlen 17, 22763 Hamburg
www.edelbooks.com
1. Auflage 2019

Projektkoordination: Gianna Slomka
Lektorat: Dr. Oliver Domzalski
Umschlagfotos Front und Klappen: Annette Etges
Foto Backcover: Catja Vedder
Alle Liedtexte im Buch: © André Dietz
Layout: schaefermueller
Satz: Datagrafix GSP GmbH, Berlin
Umschlaggestaltung: Groothuis. Gesellschaft der Ideen und Passionen mbH |
www.groothuis.de
Lithografie: Frische Grafik
Druck und Bindung: optimal media GmbH, Glienholzweg 7, 17207 Röbel / Müritz

Alle Rechte vorbehalten. All rights reserved. Das Werk darf – auch teilweise – nur mit
Genehmigung des Verlages wiedergegeben werden.

Printed in Germany

ISBN 978-3-8419-0655-7